挑戰歷史

──超時空人物訪談

韓廷一◇著

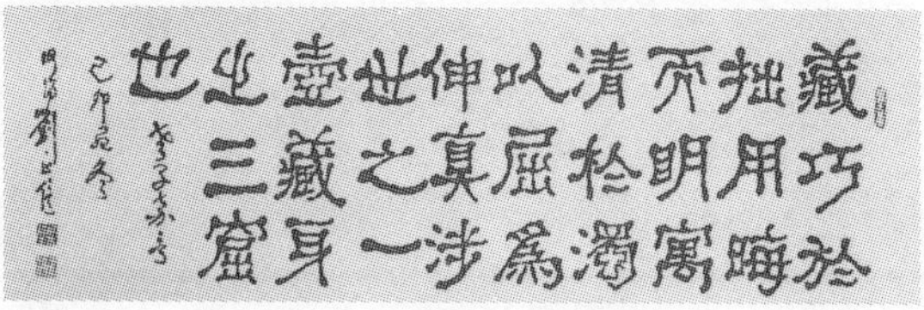

謹以此書獻給　家岳

劉正信先生　感謝

葛襄君女士

他們培育一位具備溫

良恭儉讓舊道德的新

女性；使我擁有：自

信、美滿、榮耀的婚

姻與家庭生活。

傅序

小時候就讀的芎林國小，每棟長廊下，每隔兩間教室便懸掛一幅歷代民族英雄的畫像。畫像下，有簡短的文字，述說那位英雄的事蹟。記得有漢武帝、張騫、班超、諸葛亮、郭子儀、張巡、韓世忠、岳飛、文天祥、史可法、鄭成功等。每當下課十分鐘或中午休息時間，別的同學有的去福利社，有的「跳格子」，有的打躲避球。我則一個人靜靜地站在走廊畫像的下方，仰著頭，細細端詳每一位英雄，讀著他們的事蹟。當此之時，景仰之情油然而生。等到上課鐘響，進了教室，往往要經好一陣子纔能回過神來專心聽講。回家後，那些畫像就一一透過我的鉛筆重現在畫圖紙上。如此年復一年，那些民族英雄的神情氣象，鮮活地生存在我的心中。至今，我仍可憑著印象畫出他們的輪廓和神采來。

挑戰歷史 2

在那幼小的年紀，我深刻自覺，我要以他們爲榜樣。於是他們的忠貞，就成爲我做人的標準。直到今天，我還深信：自己之得以清白自立，不致沈淪，實多拜從小瞻仰這些民族英雄畫像之賜。

詳說這段往事，無非欲以我的親身體驗，說明讀偉人傳記對人格成長的正面意義。

長大後，尤其讀了師大國文系，具備了讀古書的根柢，二十五史裏那些民族英雄的史傳，自然一一拿來仔細地讀過，也自然別有一番滋味。可是現在的孩子，很少不被電腦網路所迷惑，哪有工夫去讀偉人傳記？縱使想讀，文言文也讀不懂；那改寫爲白話的，又往往寫得枯燥乏味，難收引人入勝、寓教於樂的效果。

如今，想要讀偉人傳記的人有福了。韓廷一教授以他嶄新的構思、生動的文采，釀造鮮活的趣味。以訪問的方式，與古人對談，彷彿超越時空，親臨現場。而且機鋒相對，妙趣橫生。雖不免添油加醋，以今喻古，而大體仍保持史傳的眞實性。這需要對被訪談的古人有深入的了解，對相關資料有充分的掌握，同時完全加以消化，才能吐屬流利，卷舒自如。而其最大的特色，則在於具備強烈的現代感，舉凡對話的用語、口氣，都是現代年輕人的口吻。甚至大量採用了校園最新用語。

爲了祛除嚴肅的氣氛而使文章逗趣，韓教授也不惜在某些地方藉機揶揄政府當局一番；不過往往意存溫厚，點到爲止。不像其他許多教授一提到李總統便咬牙切齒，破口大罵，直欲抽其筋、食其肉而後甘心，一點格調都沒有。殊不知自己可以如此辱罵元首而無白色恐怖，正拜「民主先生」改革之賜。而且如果眞愛中華民國，則對獲有六百萬票支持而當選的元首，理應有適當的尊重——不單是尊重元首，特別是尊重那投六百萬票的多數人民。韓廷一教授比起上述那些常常情緒失控的教授來，眞是好太多了。

本書中的許多篇曾在《國文天地》刊登過，那時我正做《國文天地》雜誌的總編輯。也正因這層關係，韓教授囑我寫序，我也就義不容辭了。

師大國文系主任
暨國文研究所所長
傅武光謹序　八十八年十二月

自序

歷史與小說最大的分野，在於：前者人物姓名是眞實的，事蹟卻是假造的（尤其是「一言堂」時代的歷史）；小說則人物姓名全是假設的，而事蹟卻是眞實的。我非天生小說家，也不想被所謂的「歷史」所污染；卻願忠實反映我對歷史的看法——一個另類的逆向思考者。

一九八一年的中秋，我在岳母家過節，一時心血來潮，用案頭的日曆紙，寫下一篇三千六百字的〈至聖先師訪問記〉，謄清後立刻打電話給《聯合報》副刊說：「一篇有關孔子的文章，希望能在教師節見報。」對方（事後方知是林憶玲小姐）告知：「九月二十八日的副刊版，已經排好，而且我們還得看文章……。」

教師節那天的〈萬象〉版，果然以二千四百餘字的篇幅登載了〈訪問

記〉（半版的園地，只刊登了一篇文章，天窗的地方請陳朝寶先生插畫），而且還獲得讀者的好評。事後，鼓其餘勇，又寫了幾篇類似文章；但始終上不了報紙——這也難怪，報紙副刊通常只能容納千兒八百字的文章，這三、四千字，五、六千字，甚而七、八千字的文章，根本無「地」可容。

去年三月從公職自願退休，除了在各大學兼課外，繼續寫我的翻案文章——這下鐵了心，即使沒有地方發表也要寫，反正閒著也是閒著。捧著諸葛亮、呂不韋、岳飛……等人的〈訪問記〉去見《歷史月刊》副總編輯陳昭順先生，他表示文章很新穎、很有特色，願意採用；不過按《歷史》的規定，不能連載，只能間隔刊出……；後來我把其餘文章拿到《國文天地》，當時的總編輯傅武光先生見到文章說：「這正是我們期待的文章，每期一篇，累計二年集結成書……。」

如今，文章出滿十五篇，掂掂分量，已可成一小冊，透過社長許錟輝先生，副社長梁錦興先生，總編輯劉渼女士以及陳佩筠、陳欣欣小姐……諸人的指導與努力，全書終於與讀者見面。以上是我要感謝的人；至於我要罵的人，也全在書中，請親愛的讀者，自己欣賞罷！

還有，我要特別感謝師大國文系（所）傅主任，他除爲本書「引起動機」與「決定目的」外，還特別在百忙中爲本書寫序，使本書生動之餘又生色不少。

韓廷一 99′．12於萬卷樓

目錄

文史編

先賢編

帝王如糞土 天地一窟窿

～老子訪問記～

時當春秋末葉，我國出現了一位偉大的哲學家——老子。老子姓李名耳，字伯陽，楚國、苦縣、厲鄉、曲仁里人（今安徽省亳州）。據說他出生在一棵李樹下，生下來時耳朵又大又長，還長了滿腮鬍鬚，所以被叫做老子，死後謚曰：「老聃」（就是大耳朵之意）。這是個「怪胎」，提出了許多「怪論」，至今讓人費猜疑。人的眼睛明明最喜歡看那賞心悅目的五顏六色，人的耳朵最喜歡聽那爵士、搖滾熱門音樂，人都好吃，最喜歡嘗那山珍海味的口腹之欲；而這位不識時務的老先生，卻警告人：「五色令人目盲，五音令人耳聾，五味令人口爽……。」連幼稚園的小朋友都知道：「有」跟「無」、「難」跟「易」、「長」跟「短」、「高」跟「下」、「前」跟「後」是相反詞；結果老子偏偏說：「有無相

生、難易相成、長短相形、高下相傾、音聞相知、前後相隨」之說。這世界上有哪一個人不嗜名逐利的？又有哪一個人不願享受「成功的果實」；老子卻告訴大家「功成不居，名來不受」是「天之道」也！有誰不巴望生個資優兒，有誰不喜歡在口中說仁道義的？老子卻告訴人要「絕聖棄智」，要「絕仁棄義」。

春秋戰國時代，是我國歷史上學術思想最輝煌發揚的時期，正所謂「諸子蜂起，百家爭鳴，百花齊放」的時代。儒、道、墨、法、雜、名、農、陰陽、縱橫、小說，所謂的九流十家，先歷「秦火」的摧殘，再經武帝的「罷黜百家，獨尊儒術」的「利誘」後，各家都身受重創，銷聲匿跡，只有老、莊的道家，如影隨形般的伴著儒家孔、孟，互爲表裡，影響著三千年來的中國人。

每當太平盛世，士人通過科考，「春風得意，馬蹄輕」，就講儒術、齊家、治國、平天下的大道理；遭逢亂世，身處逆境，丟官失勢之時，改而大談「老、莊」之道，以排解胸中鬱卒。中國知識分子，就這樣自適自嘲地過了阿Q的一生。這麼說來，老子對中國歷史的貢獻，不爲不大矣！

代表北方魯國的孔孟思想，講人道，著眼於現實、重視人生，立志聖賢豪傑、忠臣烈士；代表南方楚國的老莊思想，講天道，寄託於理想，重視避世，主張清虛自守、無爲而治，隱居而求志。中國文化就在這兩派截然不同的理念中，相互激盪，相互摩挲之下，逐漸融合成一股浩瀚無比的巨流，成爲一個定型的東方文化。

欣逢世紀末的今天，老子的唯一著作——《道德經》，正大量地被譯成各種文字。老莊思想能否「迴狂瀾於既倒，障百川而東流」，讓我們一訪老子李耳先生，便可分曉。

姓名 里籍 家世源流

記：老子您好！這一向在哪兒發達？爲了訪問閣下，找得我好苦啊！

老：我自從那年出函谷關後，到中東、印度等地去了。

記：去幹什麼？

老：宣傳我的「老道」啊！

記：爲什麼不在中國宣傳，卻要跑到沙漠蠻荒之地去？

老：這叫「道不行……」。

記：人家孔子是「道不行，乘桴浮於海」，到日、韓去發展。

老：我跟孔丘剛好相反。

記：怎麼個相反法？

老：仲尼兄山東魯人，是北方學派。

記：而您呢？

老：我嘛！安徽亳縣，是南方學派。

記：其間有何不同？

老：北派孔家重理性，重仁義，講人道，強調入世精神。

記：您呢？

老：我的哲學南派重感性，重浪漫，講天道，強調避世精神。

記：我總覺得，儒家都從正面闡述人生；而您往往從反面講天道以印證人生，對吧！

老：您愛怎麼講就怎麼講。對我來說：「正就是反，反就是正。」

記：所以不管是得意不得意（道不行），您們都會向外發展？

老：因此當孔丘乘桴浮於海時，我就倒騎青牛入瀚海——通過沙漠，以達印阿。

記：就您的「有就是無，無就是有；正就是反，反就是正；東就是西，西就是東」的辯論邏輯，最後還是會回到原點——中國。

老：對！算您聰明，因爲地球是圓的。

記：讓我們閒話表過，言歸正傳。爲什麼人家叫您老子，而您也自稱老子？這「老子」二字在中國文字裡是十分嚴肅的，它是「爸爸」、「君父」的代名詞，您走在街頭不怕被不良少年「扁」才怪！

老：冤枉啊！我並非自我膨脹，或者存心佔人便宜，因而自稱或被稱爲「老子」。

記：那又爲了什麼？或是有什麼隱情？

老：我覺得做個人，實在是一種無可奈何的事，俗語說：「知人、知面、不知心。」滿口的仁義道德，一肚子的「男盜女娼」壞水。

記：您怎麼對人生這麼悲觀？

老：您不會去查一查字典，有關「人」的成語：人心不古、人心叵測、人謀不臧、人面獸心、人言嘖嘖，人言可畏，人海茫茫……。

記：我懂一點了。難怪有個捷克的劇作家卡雷，奇培克（Karel

Capek)說過一句話：If dogs could talk, perhaps we'd find it just as hard to get along with them as we do with people.

老：拜託！我知道您閣下留美又留英，明知道我沒讀過ABC，偏在我面前吊書袋講英文。

記：不要急嘛！我翻成中文給您聽就是了，那就是：「假如狗能說話，那麼人與狗之間的關係，或許就會如同人與人之間的關係，並不是那麼的融洽。」

老：就是因為狗不會說話，不懂抱怨，不會訴說人的缺點、弱點；牠不會挑撥是非，牠不會賣友求榮。總之，不會說人話，才是狗的最大幸運。

記：基本上，您是不願意投胎轉世，進入這個紅塵滾滾的世界。

老：所以我一直捱在娘胎裡——那是人類的第一故鄉，達「九九八十一年」之久。

記：那您出生來時，是一副什麼德性？

老：滿臉皺紋，鬢眉皆白……。

記：難怪人家叫您老子。

老：這是根據「悟生」來取的名字；而且我生下來時耳朵又大又長，而且耳輪也不見了。

記：那不是有點像「象耳」一片；這大概跟地心引力有關係——在子宮內倒立了八十一年，這也太難爲您了。

老：所以我的名字叫「耳」。

記：您去世後的謚號叫老聃，想來跟您的耳朵也是有關的（按：聃者，耳朵大又長也）。

老：那我就不知道了！

記：最後再想請教一下您貴姓？

老：我姓李。

記：那是您父親給您的姓囉！來自隴西堂？還是天水堂？

老：我父親何許人也，我也不知道，事實上我這一生也沒見過他。

記：那您如何得姓的？

老：我媽說，她挺著大肚子八十一年之久。有一天，就在一棵李樹下產下了我，所以我就姓李，因此我家堂號，既非隴西堂，亦非天水堂，而是「木子堂」才對！

記：没聽過！我再請教一下，您府上哪兒？

老：楚國、苦縣、厲鄉、曲仁里人。

記：門牌號碼該不會是悽零零號罷！眞有這種一連串的地名：苦（縣）、楚（國）、曲（里）、厲（鄉）、「悽零零」（七〇〇）號（哭也），把字典上所有的壞字眼，都變成您府上的戶籍門牌號碼。

老：我眞的有夠「衰」啊！

記，這楚國苦縣，在現在什麼地方啊？

老：即今安徽省亳縣。

記：爲什麼河南老鄉認定您是河南省鹿邑縣人？

老：我的家鄉厲（音賴）鄉，距河南省鹿邑縣較近，離亳縣反而遠

陝西西安樓台觀老子祠

些。

記：兩省人士爲老子發生爭奪戰，這也是您的光榮啊！

即興之作　流傳千古　名震中外

記：接著讓我們談一談您的名著《道德經》吧！我覺得納悶的是：您一向灑脫、無羈，視帝王之業如糞土，看天地之大亦不過一窟窿而已；但您竟然也斤斤計較於世俗所謂的三不朽——尤其是立言；人之患，在好著書立言，可見一斑。

老：冤枉啊！我哪有心像平常人那樣，拚死拚活，弄本著作來糟蹋鉛字，污染人們的視覺，我是不得已的啊！

記：怎麼說？

老：我原先在周朝王室擔任柱下史。

記：柱下史有多大？

老：他是一種史官，相當於國家圖書館館長。

記：然後呢？

老：看到周王朝日益衰敗，個人理想未能實現，決定離開宮廷，騎青

牛出函谷關，入瀚海。

記：您很順利的出了關口？

老：守關關令尹喜不讓我過關。

記：您是現職公務員，持的是「地」字頭護照，出國必須經由教育部申請、入出境管理局的核准，才能放行；像您的情形根本是「擅離職守」，違反「國家總動員法」的。

老：不過那關尹還算滿有人情味的！

記：怎麼個人情味法？

老：他說：您沒有關牒（出境證），依法是不能過關的！不過，您老一定要過關的話，那可得「另關途徑」囉！

記：這「另關途徑」是啥意思？

宋·晁補之《老子騎牛圖》

老：這您還不知？枉爲現代人。說明白一點，就是要意思！意思！

記：要「紅包」？

老：對了！可是我騎著一條青牛，連購馬的錢都沒有。哪有餘錢送紅包。

記：眞是「有錢能使鬼推磨」，錢能通「關」，古今皆然！

老：最後討價還價的結果，由我寫一部書，作爲抵帳。

記：這就是《道德經》，全文也只有五千字而已。

老：更想不到的是，我這一部即興之作，胡言亂語的《道德經》，竟然洛陽紙貴，流傳千古。

道可道　非常道……

記：您這本書到底寫些什麼東西？這麼神奇？這麼奧妙？

老：《道德經》全文八十一章五千字，上篇〈道經〉三十七章，下篇〈德經〉四十四章。

記：這上篇與下篇有什麼不同？

老：上篇〈道經〉講的是本體論，亦即事理的「當然」；下篇〈德經〉講的是人生論，亦即事理的「所以然」。

記：您這上篇〈道經〉，講的可全是道？

老：是的！您知道什麼是「道」嗎？

記：道就是路也、蹈也、達也。就是我們要行走的路。《論語・陽貨篇》中的「道德塗說」便是；馬致遠〈秋思〉中的「小橋流水人家，古道西風瘦馬。……」中的道。

老：不是！

記：那麼道者，理也。〈中庸〉說：「道也者，不可須臾離也。」《韓非子・解老》：「道者，萬物之始也。」

老：有那麼一點點。

記：道者，方法也、技藝也。像《論語・里仁》中說：「不以其道得之，不處也。」

老：您已經「入門」了。

記：道者，主義也。《論語・里仁》：「吾道一以貫之哉！」《史記・孔子世家》：「吾道非耶？吾何焉於此？」

老：您已經「登堂」了。

記：道是指宇宙運行，人世生生不息的法則。

老：您不但「登堂」，可說已到「入室」地步。孺子可教也，可以與您談道了。

記：道是如何產生的？在何種情況下產生的？

老：「有物混成，先天地生。……吾不知其名，字之曰道，吾強爲之名，曰大。」（《道德經》第二十五章）

記：意即道乃無狀無象，乃天地形成的本始，無以名之。那麼道在哪裡？

老：「道之爲物，惟恍惟惚。……」（《道德經》第二十一章）

記：這麼說道是無所在，無所不在。難怪莊子說：「在螻蟻、在稊稗、在瓦甓、在屎溺……。」（《莊子‧知北遊》）那麼，這道又有什麼作用呢？

老：「道常無爲而無不爲」（《道德經》第三十七章）；「道生一，一生二，二生三，三生萬物。……」（《道德經》第四十二章）

記：您的意思是：「道是無限的，似有若無，卻又似無若有？」

老：對了！

記：承您誇獎，對於「道」，說我已登堂入室，其實不瞞您說，我還是不太懂！我相信讀過《道德經》的人，到頭來還是一頭霧水，您可否藉

這個機會，對「道」下個定義，讓大家都了解一下？

老：「道可道，非常道；名可名，非常名。……」（《道德經》第一章）

記：哇！我更糊塗Confusing了！

老：總之，我的哲學本體是有無循環論。

「無爲無不爲」的政治觀

記：大凡哲學家總喜歡厚古薄今，對現世政治都不甚滿意！您呢？

老：我對政治倒没什麼一定的好惡喜樂，只是爲政者，在三呼萬歲，高讚「天縱英明」之餘，無不自覺地飄飄然起來！

記：原來是個蠢蛋，也搖身一變，成爲天才了。

老：於是，不配有爲，偏要有爲；不宜南進，偏要南進；不當戒急，偏要戒急；無法用忍，偏要用忍。鬧得疾賢害能，有爲者紛紛下堂求去；相反的，佞倖之徒，有縫就鑽，遇洞灌水，以致人慾橫流，盜賊公行，社會不成社會，國家不成國家。

記：依您的看法，應該怎麼做才對？

老：不尙賢，使民不爭；不貴難得之貨，使民不爲盜；不見可欲，使民心不亂。

記：現在的政府專門鼓舞貪慾妄念，樣樣要台灣第一、亞洲第一，甚而世界第一；現在的政府專門崇尙名位，動不動要「政務官」，要「博士」，加速了人民妒忌爭逐之心；現在的政府動不動講外匯存底，講股票指數。使得人心浮動。上焉者，沽名釣譽；下焉者，鋌而走險！

老：那眞是世紀末特有的現象，有道是「盲人騎瞎馬，黑夜臨深淵」而不自知。

記：算了！算了！我們不談政治，免得傷感情。

老：萬一引起「高層」電話關切，豈不好看。

記：對！對！我這記者飯，還要吃呢！

老：談談我在物理學上的見解如何？

記：物理學？您有沒有搞錯啊！您那個時候也有物理學，誰相信啊！

相對論與物質不滅定理

老：我不但對物理學有研究，而且還是「相對論」的發現者。

記：相對論的發現者？我懷疑您的腦筋是否「秀逗」？

老：我才不糊塗呢！

記：根據大英百科全書的記載：德國物理學家愛因斯坦(Einsteun, Albert)斷言物質和能量的相當性；對空間、時間和引力賦予一個完整的新觀念，是爲相對論，他還因此得到一九二一年的諾貝爾獎。

老：哦！

記：您的「相對論」在哪兒？

老：在《道德經》第二章：「天下皆知美之爲美，斯惡矣；皆知善之爲善，斯不善矣！」

記：還有呢？

老：有無相生，難易相成，長短相形，高下相傾，音聲相和，前後相隨。

記：哇！想不到「相對論」眞的是您發現的。可惜那時候還未有諾貝爾獎的設立，否則，非您莫屬了。

老：得獎我不會心動，不得獎我也不會心憾！

記：爲什麼？

老：因爲得之即失之，失之即得之。我得即人得，人得即我得，在我看來，全是一個樣子。

記：怎麼會有這種邏輯？

老：以前有個荊國人，他失去了他的弓，而不去尋找。

記：爲什麼不去找回來？

老：他說「荊人遺之，荊人得之」意即荊國人掉了弓，荊國人撿到弓。就人的立場來說，固然有一失一得之別；但就弓的觀點，弓還是弓，並未失去它的效用。

記：孔子對這失弓事件如何看法？

老：他說「去其荊可也」。

記：什麼意思？

老：意即「人遺之，人得之」。荊國人失去了弓，就算別國人撿到也沒關係。

記：因爲孔子是魯國人，才那麼說。

老：可是我卻認爲「遺之，得之」。

記：那張弓如果沒有人撿拾，日曬雨淋之餘，最後變形、腐爛了怎麼

辦？

老：經過風吹雨打、蟲蛀蟻蝕之後，分解成養分，融入土中，長出更多、更大的樹，可以製造更大、更好的弓兒。

記：哇！這就是牛頓的「物質不滅定理」。

老：誰說不是呢？

記：您這相對論，可否用在教育上？因爲養孩子固然是件不得了的事，而教育孩子，更是一件了不得的事。

老：教育哲學的最高原則是「處無爲之事，行不言之教」。

記：什麼意思？

老：經師易得，人師難求。爲師、爲親者務必「以身作則」方可事半功倍，否則也是徒勞無功的。

記：現在很多的父母，自己不以身作則教育子女，把孩子往學校或補習班一送，便什麼事也不管。

老：那父母都在忙什麼？

記：忙著賺錢囉！忙著給孩子最好的生活！受最好的教育！

老：那是標準的「教育爸爸」與「教育媽媽」。

記：他們要求孩子贏在起跑點上，除了正課、補習外，還要他們學鋼琴、小提琴，學繪畫、書法，學英語、心算、速讀，學跆拳道、柔道……。

老：非把孩子逼死不甘心的樣子。

記：其實這樣的教育，還不如「不教育」的好！

老：對！所以我說：「天地滋生萬物，孕育生長，聽其自然，不加干涉，生而不有，爲而不恃，功成不居！」

記：您的意思是父母哺育子女，要像太陽照射大地一樣，有一定的時序、一定的愛護，而不必刻意的去曲加照顧。

老：因爲「人法地，地法天，天法道，道法自然」，我的中心思想，在於一個「道」字，而道的根源就是自然。

記：因而您的教育理念，深信「美是自然，而自然是美」。(“Beauty is nature; nature is beauty.”)

老：所以我才說「不教育就是最好的教育」；「過度的教育乃是不教育」。

反戰爭 主統一

記：政治學主要研究的課題，乃國家和個人的關係！有所謂目的論與工具論之說。

老：……。

記：所謂目的論者，認爲國家是最後之目的，個人必須爲國家犧牲、奉獻。

老：個人變爲達成國家目標的工具。

記：反之，個人是目的，國家乃是爲達成個人目標的工具。

老：我主張：「小國寡民……甘其食、美其服、安其君、樂其俗，鄰國相望，雞犬之聲相聞，民至老死不相往來。」（《道德經》第八十章）

記：顯然的，您是一位「國家工具說」的奉行者。

老：而且我還反戰，雖有甲兵，無所陳之。

記：您的反戰思想，跟羅素(Russel Bertrand)有異曲同工之效。

老：誰是羅素？

記：他是英國的一位哲學家，他不但反越戰，甚至還反對製造核武。

一九五〇年還領導群眾發動禁止核武示威運動，因而得諾貝爾文學獎。

老：看來他也是個怪物。

記：他說在核子戰爭與共產主義兩者之中，寧選共產主義。

老：戰爭確實很恐怖。凡是體道而行的政治人物，就不該依恃武力，稱霸天下。每每軍隊駐紮的地方，人民不得耕種，於是荊棘叢生；每次戰爭之後，或因屍體發臭，瘟疫流行，或因土地荒廢，缺糧乏食，凶年隨之而來。（《道德經》第三十章）

記：不過，有人說，没有國防就没有國家。

老：一般人講到國防，直覺的只想到軍隊與兵器。其實，廣義的國防應包括：教育、外交、經濟、財政……，無一不是國防的總體表現。

記：您反對軍備競賽？

老：軍備競賽，乃是不祥之兆。硬碰硬，兩敗俱傷，非不得已，萬萬不能用。

記：您認爲即使國與國之間，也應該用「軟功」！

老：您知道世間有種至柔卻又至剛的東西嗎？

記：我不知道！柔就柔、剛就剛，這是兩極端，怎麼會有至剛又至柔

的東西。

老：「天下莫柔弱於水，而攻堅強者莫之能勝」（《道德經》第七十八章）；「上善弱水，水善利萬物而不爭，處衆人之所患」（《道德經》第八章）。

記：您的意思是：水至柔，但也至剛，並且把水的哲理，引申到政治的最高層面。在上位的人，必須如水一般地修善積德；因爲水默默地滋養萬物，滋潤著大地，從不與人爭，而心甘情願地處在最卑下的地方，成就了大肚能容的美德，即使是藏污納垢之所亦不辭焉，進而還能滌污除垢，使之新生。

老：水的包容性就和我終生所強調的「道」，很是相近了。

記：現代科技已證明閣下「水至柔也至堅」的理論。「水療」、「水震波」及「水切割」、「水鑽」乃尖端科技，已廣泛地被運用在醫學與工業之上。

老：水就下，固然處於最卑下的地方……。

記：但「水流百步能上牆」，因而用水推磨、用水發電早已司空見慣；至於「水舞」則更是新奇的科技。

老：國與國之間的交往，也應該學學水的精神。

記：一個大國、強國要如何學習水的精神？

老：大國要像長江大海一樣，越甘願處於下流，就越成其所以爲大；換句話說，大國若能對小國尊重謙下，就可以取得小國的信服入事。

記：那小國、弱國又如何學習水的精神？

老：小國若能對大國恭順謙下，就可以取得大國的包容並存。

記：這兩種「謙下」又有什麼不同的程度？

老：相較之下，大國尤其應當謙下。因爲小國謙下只不過保全自身，而大國謙下，才能使普天下都來歸心依附。

記：噢！我懂了！海峽兩岸關係的錯綜複雜，就是因爲兩岸領導人不學「有」術，在政治上翻雲覆雨，各顯神通，自以爲天縱英明。

老：怎麼說？

記：一個犯了嚴重的「中原霸權沙文症」，至今不放棄「武力犯台」，堅持「中華人民共和國政府是中國唯一合法的政府」。

老：另一個呢？

記：犯了嚴重的「夜郎自大癡呆症」，堅持「三不政策」，挾美、日

以自雄，膛臂當車，到處刻意推銷「中華民國在台灣」兩國論的狗皮藥膏。

老：其結果不生靈塗炭才怪！蓋「禍莫大於不知足，咎莫大於欲得」（《道德經》第四十六章）。難道兩位「領導」從不看《道德經》？

記：好了！好了！今天的訪問到此爲止，我可不想唱「綠島小夜曲」！

老：……。

——99′・6刊於《國文天地》一六九期——

今天不放假

──至聖先師訪問記──

一年一度的教師節又到了，報刊免不了訪問一些優良教師或教育行政機關首長什麼的，談談感懷應景一番；但是偏偏忘了教師節的「領銜主角」孔丘仲尼博士。爲此，萬象特別越陽（陽間之陽也）訪問了至聖先師孔老夫子。

聖人形象　與衆不同

記：今天是您老人家的生日，也是教師節，請您發表一點感想，以饗廣大的熱情讀者。

孔：一部二十五史，不知從何說起？

記：您就先自我介紹吧！

孔：我姓孔名丘，字仲尼，山東曲阜人氏。

記：您的名字可有典故？或是按「姓名學」排過筆劃？

孔：吾上有一兄曰伯尼（同父異母生），自幼患小兒痲痺症，雙親爲了奉行政府「兩個恰恰好」家庭計畫政策（吾雖有九個同父異母姊，但女孩不算），才急急忙忙的跑到尼山「送子娘娘」處祈禱，回來以後，果然「有了」。

記：所以您就叫仲尼了。五四新文化運動「打倒孔老二」的典故，想必在此了。

孔：虧他們還說「不用典」。

記：那又爲什麼名丘呢？

孔：因爲我天生「圩頂」，頭頂心遠看像兩座山丘。

記：噢！原來如此！那唐人吳道子畫的您那幅像，可眞是神來之筆。

唐·吳道子《孔子行教圖》

孔：吳道子畫的那幅《孔子行教圖》除了頭頂心像外，其餘都不像，他把我畫得那麼老、那麼醜，而且還駝背，簡直故意破壞聖人「形象」。

記：據人類學家的統計「圩頂」的人，百萬不得其一，難怪您老人家「絕頂」聰明，被尊爲至聖。談談您的求學經過好嗎？

求學經過——完全大學

孔：我們那時的學制，不像現在那麼複雜，只有二級制，「小學」與「大學」。

記：小學與大學，沒有中學？

孔：我六歲進學到十五歲小學畢業。

記：那是九年一貫制的國民義務教育囉！

孔：可以這麼說。

記：小學讀的什麼課程？

孔：被稱爲「句讀之學」。包括文字學、聲韻學與訓詁之學。

記：這樣看來，你們那時候的程度相當高。現在台大中研所研究生，也不過等於一個小學生而已。

孔：不過那時候課程比較單純，不像現在有英數，還有理化，全是工具課程；而且那時候學生的「外務」少，能專心念書，所以「九年有成」，不像現在的學生三分之一的時間睡在床上，二分之一的時間抱著電視機、電動玩具不放，再加上郊遊、烤肉、舞會等，要讀出個名堂來可眞難。

記：那大學讀的又是什麼？

孔：天人之學（大學之道在明明德，在親民，在止於至善）。

記：那是一種哲學了，可有學位？

孔：相當於 Super Ph.D.（超博士）。

記：您主修什麼課程？

孔：政治學。

棄政從教　樂此不疲

記：畢業後怎麼不從政而改行教書了呢？

孔：這說來可就話長了。我大學一畢業本想從政，我日夜夢想成爲周公第二（甚矣！吾衰也。久矣！吾不復見周公）。事實上，那時候的人事制度，極不上軌道，既没有高普考，也没有甲種特考等進身之階，加上我又没有人事背景。大學畢業之後，只好屈就家教，教孟僖子的兩個笨兒子孟懿子和南宮敬叔。

記：您是在什麼地方執教？

孔：我開了一家補習班。

記：您老這麼有學問，具有超博士學位，不到國立大學開課，反而開起補習班呢？

孔：您有所不知，我的超博士是文×大學長弓先生給的，教育部不承認國內的 Super Ph.D.

記：因此您没有教授「紅派司」，只好自謀生活開補習班了。

孔：是的。是的。

記：聽說您的補習班開在「南陽郡」，是人數最多的一家。

孔：三千學生。

孔子講學圖

記：您的補習班「生意」怎麼這麼好？有什麼秘訣沒？

孔：當然有！我經營補習班有四大原則：有收無類（有教無類）；文理分組（因材施教）；報名費免收。學費漫天開價，隨意打折（自行束脩以上，吾未嘗無誨焉）。

記：三千學生參加聯考，結果考取幾人？

孔：七十二人，其中高四班三十人（冠者五六人），國四班四十二人（童子六七人）。

記：看來您的升學「業績」並不好，據說有的補習班才五、六百人，光考取國立大學的就有一、兩千人之多。

孔：那是「十」與「千」的「有心」之誤。記者先生！您別小看我的補習班，雖然考上的只有七十二人，但光榜首、科系狀元就有十人之多。〔隨即從右胸口袋掏出榜單，包括顏淵：台大醫學系，他還寫過「陋巷子的黃昏」的散文集，可惜一畢業就住進台大醫院，以肝癌去世，得年才三十一。宰予：政大外交學系（最會狡辯）。冉求：中興財稅學系（做過季氏的財稅局長）。子路：政戰體育學系（暴虎馮河，能打莒拳，能武裝游泳）。子貢：東海國際貿易學系（善於貿遷之術）。」

記：您的補習班，除了補三民主義（禮），國英、史地（書）與理化、數學（數）之外，還上些什麼課？

孔：我們也學舞蹈（樂），郊遊、游泳（御）與電動玩具（射）。

記：有沒有到外雙溪游泳被水淹死的？

孔：笑話！外雙溪那麼一點溪水，給我三千學生當沙士喝都不夠，還能淹死人。

記：那您們都到哪裡去游泳？

孔：我們在那寬闊的沂水游泳，在求雨臺上跳迪斯可，然後唱著「假如我是一個月亮」的歌兒回家（浴乎沂，風乎舞雩，詠而歸）。

記：在您一生的教書生涯中，有沒有碰到不良少年？

孔：補習班龍蛇雜處，怎麼會沒有？

記：舉個例子，說說吧！

學生群象　各顯神通

孔：有個性情粗野，意氣剛直，好勇鬥狠的子路，在開課的第一天，戴著插了野雞毛的帽子，腰間繫著野豬皮帶，手裡提著開山刀來「摘香

爐」。

記：哎呀！好恐怖。那您不嚇得魂不附體才怪。

孔：還好。我拿出三兩下的中國功夫——忠恕之道，仁義之方。他就放下開山刀，換上儒服、獻上山豬肉乾，立刻繳費補習。

記：他是不是真的改過遷善，有沒有再鬧事？

孔：不但沒有鬧事，而且還忠心耿耿做我的貼身侍衛。

記：還有沒有別的不良少年案例？

孔：有個宰予。其實他算不得什麼不良少年，只不過每天上課整節課都在打瞌睡（宰予晝寢），只有聽笑話時，才醒來一下。糾正他時，還辯說他在閉目沉思。

記：聽說您還拎著他的耳朵，責備他「朽木不可雕也，糞土之牆不可汙也」。可有此事？

孔：您以及所有讀《論語》的人，都會錯意了。我是教育家，最懂得兒童心理，怎麼會說出這麼傷人自尊心的話。

記：那又是怎麼一回事？

孔：記者先生！您該知道那補習班的宿舍是最簡陋不過的了。下層是土牆，上層是三夾板，根本不能裝修、布置；而宰予偏偏要粉刷，要釘釘子掛徐懷鈺、阿妹之類的歌星照片，結果鏡框掉下來，差一點砸破我的「圬頂」，所以我才告訴宰予說這牆壁「朽木不可雕也，糞土之牆不可汙也」。「晝寢」固然是白天打瞌睡，而「畫寢」則是布置寢室也。

記：教學上，您曾否遭遇特別的困擾？

孔：唉，我爲了學生的頭髮，的確煩惱了很久，教育部要求中小學學生男生三分小平頭，女生耳上西瓜皮，我本來是最反對「薙髮」的，但是既是規定，只好遵照辦理。偏偏宰予不聽話，留個大披頭，還燙羊毛捲，我一氣之下叫訓育組長，在他頭上用推剪推了個十字。當天下午放學，宰予等八人背了書包，過了中山南路到教育部告了我一狀。

記：他們告您什麼？

孔：宰予告我「嚴重損害時代青年的自尊心」；還告我違背中華文化傳統（《孝經》：身體髮膚，受之父母，不敢毀傷，孝之始也）。

記：結果怎樣？

孔：記大過二次，撤職。要不是別的學生幫我哭，收回撤職的成命，我可能栖栖惶惶如喪家之犬，「乘桴浮於海」，回山東去也。宰予！宰

予！可眞把我「宰」慘了。

記：這眞是不幸中的大幸。今天謝謝您接受訪問。

孔：喂！喂，慢點，我還有話要說……。

記：您在《論語》中已經說得夠多了，還要說甚？

孔：說什麼尊師重道，教師節都不放假，教我情何以堪？

記：是，是；不過我不知道要跟誰講？

孔：當初是哪個王八蛋提議取消放假的？

記：怎麼聖人也罵起粗話來？

孔：斯可忍孰不可忍！

——81′·9·28刊於《聯合報》萬象版——

——98′·9·28改寫，載《現代青年》二一〇期——

阿彌陀儒　立人達人

∼教主訪問記∼

綜觀人類的活動，約略可分為三方面：現實的生活，未來的期望與對前世的悔悟。現實呈現於眼前，可見可觸也，未來與前世寄託於想像與懸想，不可捉摸也。於是常信冥冥之中，有一無限之能力或命運，為之主宰一切。對於此一控制一切的主宰，或名之曰玉皇，或名之曰上帝，或名之曰阿拉，敬畏之情由是而生，更以各種儀式用來表達出其信仰、敬畏之虔誠，結果產生了所謂的宗教。

宗教之最初功能，乃在於人們對於大自然的恐懼與敬畏而產生。諸如：祈求神的寬恕、憐憫並賄賂神明，以求得對問題的解決與放心；宗教的第二層功能，乃在於整合群體，鞏固社會結構，使人類社會得以維繫於不墜；至於宗教的第三層功能，隨著科技的發達與典章文物之完備，則在於認知。

因而，宗教的類型與演進，大多由：⑴拜物教，進到⑵拜神教，從而昇華到⑶尊賢崇聖的倫理宗教。

今天，我們有了難得的機會，一訪世界最大宗教——儒教教主孔丘先生。

記：孔丘先生，您好！年來南投中台禪寺女信徒剃度風波、宋七力光環顯相事件以及太極門妙天禪師的詐財騙色案……接二連三的宗教事故，這其中的是非曲直都把我們搞糊塗了，先生身爲聖賢之尊，可否給我們「開示」一二，出我們於五里霧中。

孔：要談宗教？那您可是找「不對」門(No Way)了。

記：爲什麼？

孔：因爲我向來不語「怪、力、亂、神」。

記：可是人們偏偏喜愛怪力亂神，聖人也知道所有的電影與電視影片，諸如：「×檔案」、「×色蜘蛛網」、「步步驚魂」、「×女幽魂」、「××啟示錄」、「××戰警」、「第×滴血」、「酷斯拉」……只要片名合乎怪力亂神四個字，鐵定賣座。

孔：還有我也罕言「命」與「利」。

記：可是人們愛利愛到「人爲財死」的地步，人們又最愛算命。

孔：大凡宗教均爲出世主義者，他們往往把一切理想寄託於虛無縹緲的未知數。

記：這是否跟人們都怕死有關。

孔：宗教家認爲「死亡」是永恆的，所以他們或稱死亡爲「往生」，或稱死爲「歸主」。

記：這也難怪，因爲人從「死」中來，又從「死」中去，所以人們最關切、最懼怕，而又最想追根究柢的就是死。

孔：可是我最強調的卻是「未知生，焉知死」；「富貴在天，死生有命」。

記：可見您是個入世主義者，強調現實人生重於虛幻世界，現在就請您爲我們剖析一下，宗教起源的心理因素。

孔：自有人類以來，人們在求生的過程中，經常因爲技術的欠缺、經驗的不足，產生了種種困難與挫折。

記：諸如：天空中日月、星辰的變幻；地面上滄海、桑田、河流、湖

泊的變遷，以及風雨雷電的變化無常，產生驚恐、讚歎的情愫，在投訴無門之際，覺得徬徨、無助……。

孔：這時候有一些比較高IQ與EQ的才智之士，首先他們藉著一些偶發或必然的自然現象，創造了一個令人永恆宗奉的「神」。

記：像基督教的「上帝」，回教徒的「阿拉」眞主，以及猶太教的「耶和華」等。By the way，佛教是否也不能免俗地創造一個神。

孔：佛教倒是個無神教，他不承認有神，但從修行最高的依次排列叫：「佛」、「活佛」、「菩薩」、「和尚」……等，而且塑造很多的分身偶像，以利人們瞻拜而已。

記：其次的要件呢？

孔：要有一部可資遵循與傳誦的經典。

記：像佛教的《大藏經》、道教的《道藏經》、回教的《可蘭經》、基督教的《拜蹼經》(*Bible*)；那第三個要件呢？

孔：固定的禮拜場所。

記：像佛教的叫佛寺，道教的宮、或廟，基督教的「會所」，天主教的「堂」等；那第四個要件呢？

孔：傳統的、順序的禮拜式和禮拜節日。

記：諸如：祈禱、告解、領聖體、焚香、燒紙、扶乩、符籙、咒水等，那麼第五個要件呢？

孔：專業的或專職的神職人員——受戒律的或不受戒律，但須熟諳教義、教律的，如修士、僧道、教長或祭司等。

記：還有呢？

孔：神職人員正規的服式。

記：而其中最重要的是什麼要件？

孔：要有一套歆動信眾「趨吉避凶」、「邀福免禍」的說法；還有更重要的是要有最後的審判——如佛教的「正果」，基督教的歸「主」，伊斯蘭的「升天」等。

記：您的意思就是說：凡具備上列八個條件自成一套學說理論，即可稱之爲宗教了。

孔：對！

記：那麼恭喜您。

孔：恭喜我什麼？

記：恭喜您又多了一個頭銜！

孔：我哪來那麼多的頭銜？

記：在中國您除了被尊爲聖人之外，還兼有教育家、政治家與哲學家等三個頭銜。

孔：我在魯國還擔任過「司寇」三個月，把黑道頭頭少正卯判死刑，使得魯國治安大好。

記：您的意思，您還要一個「治安內閣」的頭銜。

孔：沒有啦！我只是說著好玩而已，By the way，您到底又送了個什麼新頭銜給我？

記：宗教家——亦即儒教教主之尊。

孔：這我怎麼敢當，而且眾所周知，「儒」是個學術思想的派別，歷史上早已把我定爲九流十家中的一家——儒家。

記：不！把「儒」當作一個宗教，而您理所當然的是儒教教主。

孔：那副教主是誰？

記：是孟子。

孔：每個宗教總有一部可資傳誦的聖經囉！

記：《論語》是聖經背誦本，四書五經則是「配套本」。

孔：先知呢？

記：堯舜。

孔：聖誕呢？

記：九月二十八日。

孔：教堂、寺廟呢？

記：各地孔廟，必要時各縣市文化中心都可列入。

孔：教宗呢？

記：歷代孔聖侍奉官——現任孔教教宗則是您七十五代嫡孫孔德成先生。

孔：教主受難？

記：閣下當年絕糧於陳、畏於匡、毀於叔孫，最後奔走於齊、魯、宋、衛之郊。

孔：魔鬼異端呢？

明人所繪孔子絕糧於陳圖

記：無君、無父的楊朱和墨翟。

孔：信徒呢？

記：三千弟子。

孔：十大門徒呢？

記：分德行、言語、政事、文學四科；包括顏淵、閔子騫、冉伯牛、仲弓、宰予、子貢、冉有、季路，子游、子夏等十人。

孔：聖舞呢？

記：八佾舞。

孔：祭祀典禮後有没有領聖體。

記：祭孔典禮後拔太牢之毛。

孔：好像眞的一樣！

記：還有您的畫像，當然被稱爲聖像，唱聖詩，還有避諱呢。

孔：怎麼個避諱法？

記：清世宗雍正時，還下避「丘」爲「𠀉」（音某），連丘姓的人，都得改姓「邱」；這是其他宗教教主所從未有的尊崇。

孔：看樣子我不得不承認「儒家」是個「儒教」，又叫孔教。

記：這孔教不但發揚於中國本土，還南傳至越南、新加坡，東傳至琉球，北傳至韓、日，形成一個「儒學文化圈」。

孔：Really！「儒學文化圈」又有什麼特色？

記：好學、勤奮、人本是它的特色；您聽過「亞洲四小龍」的經濟奇蹟嗎？

孔：没聽過，怎麼樣？

記：這亞洲龍頭與四小龍，全是以儒立國。

孔：眞有這麼回事？

記：一九八八年世界各諾貝爾得獎人在巴黎發表共同宣言：「人類要繼續生存下去，必須尋求孔子的智慧。」

孔：看樣子我還得再創造一套諸如天堂、地獄的說帖，以符合宗教的必要條件。

記：阿彌陀「儒」！阿門。

——99′・9刊於《國文天地》一七二期——

無產階級的代言人

～墨子訪問記～

西元前七七〇年，周太子宜臼爲避犬戎之亂，從鎬京遷都至洛邑，即位爲平王。自此，歷威烈王二十三年（西元前四〇三年）韓、趙、魏三家分晉，至周赧王五十九年（西元前二五六年）盡獻其地於秦，周亡。其間達五百一十四年之久，是爲東周時期，而前半段三百六十七年，因孔子著《春秋》命名爲春秋時代；後半段一百四十七年，據司馬光的《資治通鑑》，命名爲戰國時代。

春秋戰國時代是中國歷史上罕有的局面：政治上是個極爲動盪不安的時代，外則兼併不止，以致「爭地以戰、殺人盈野；爭城以戰，殺人盈城」；內則篡弒不斷，以致「世衰道微，邪說暴行有（又）作，臣弒其君者有之，子弒其父者有之」。造成政治混亂，社會不安，人心遑遑。因而，另一方面，許多有識之士，基於對天下國家的關切，紛紛著書立說，各組學派，試圖對傳統作檢討，反省與批判，以因應現實並構築未來社會的新藍圖，造就了一個學術思想上「萬卉齊發、百家爭鳴」的輝煌一頁。

以孔孟爲代表的儒家，主張以禮樂治國，以仁義忠恕修己，企圖恢復「親親而仁民，仁民而愛物」和諧完善的國家和社會。以老莊爲代表的道家，面對著這樣一個大變動的時代，舊有的秩序既不可挽回，也不值得去維護與恢復；新的體制又無法預期與想像，退而求其次，只好自保、自適、自足地做一個「賢者避世，其次避地」的隱者。

面對著封建體制的崩潰，導致天子陵夷，人性趨利避害、自私自利，以申不害、愼到、韓非爲代表的法家，分別主張以術、勢、法的絕對主義，試圖以嚴刑峻法、獎勵軍功，進而達到對內保障王權，對外鞏固國權的目的。

其中有一墨家，他既不逃避現實，沉醉在烏托邦的理想中，亦反對恢復傳統的貴族封建社會。他兼愛於飽受流離之苦的普羅大衆農工階級。他主張非攻，要節用，要尊天、明鬼以達尚同；提倡非

命以達尚賢，他慈悲爲懷，摩頂放踵，明知其不可爲而爲之。

現在讓我們一訪歷史上第一位無產階級的代言人——墨子。

名爲墨翟　但不姓墨

記：墨子啊！墨子啊！您來也匆匆、去又匆匆，急著幹嘛？

墨：上午才在桃園救了一場大火，聽說下午颱風要來，我得趕緊到汐止澤國去救災啊！

記：看您穿著破舊夾克、面目黧黑、手腳起繭、腿毛盡脫的樣子，何不「多愛惜自己一點」，Take a break，請接受我的訪問。

墨：您的訪問稿，會不會登在報刊或雜誌？

記：當然會登！而且將來還會結集成書，更具傳媒效用。

墨：也罷！趁颱風前的空檔，接受您的訪問，看看能否因此召集更多的門徒與學生，以充實我「墨幫弟子」陣容。這幾年來「赴湯蹈火，死不後退」的熱心之士，已經越來越少了。

記：墨先生，您……。

墨：您剛才稱我爲墨子，我認了！可是您現在叫我墨先生，我可不認！

記：難道您不姓墨？

墨：我原名翟，您如果喊我翟先生，倒是可以；叫我墨先生可不敢當。

記：《元和姓纂》：「墨氏，孤竹君之後，本姓墨台氏，後改爲墨氏。」

墨：有人姓墨，也有人姓黑，不錯！可是三代以來，「因生賜姓，胙土命氏；姓以別婚姻，氏以貴功德」。凡非貴族，往往無姓氏可考。如介之推、燭之武、師曠、原壤、卜偃、蹇叔、佚之狐、屠羊說……等人，均無姓氏可言，或以職分、或以外貌、或以個性等命名。

記：我懂了一點點。

墨：我乃勞工出身，上無片瓦、下無寸土，標準的無產階級紅五類。

記：噢！我懂了，古代往往以刑徒爲工人，墨是五刑（墨、劓、腓、宮、大辟）中最輕者，凡俘虜與罪人作工役者必受黥面，免得他們逃跑。

墨：我們那一群黥奴（即後人所稱的「配軍」），統稱之爲「墨

徒」。

記：我感到納悶的是：既是一群工奴，怎麼會出現像您這樣有學問的人，而且自成一家之言，名之曰「墨家」。

墨：我們工人可不比農民散居田間；工人聚居城市，較之農民，易受學術風氣之薰陶，而且團結就是力量，自易立黨成派。

記：您既然不姓墨，大家爲什麼叫您墨子呢？

墨：由於我們是一群臉上刺墨的工人，長年胼手胝足的努力工作，以至面目黧黑。自然而然的，人們以「墨」稱呼我們這個團體。

記：還有，您剛才說：您們是一群手工業工作者。當然，您們也一定隨身攜帶著「繩墨」和「墨斗」。

墨：那是我們的第二生命，就像「槍不離手，手不離槍」的軍人一樣。

記：想當然耳，您們就這樣被稱爲「墨徒」。

墨：可以這麼說！

記：有句「墨守成規」的成語，是什麼意思？

墨：俗云：「不以規矩不能成方圓。」因此，我們墨幫的人，除了隨身攜帶墨斗之外，圓規和長尺（矩）也是必攜的工具，弦外之意，我們墨幫弟子爲人處世都按規矩來的。

記：我懂了！那麼「墨突不黔」呢？

墨：孔丘和我兩人，在當時最爲熱心於救國、救民、救人，到處奔波，每到一地，仲尼兄往往坐墊子尚未坐溫就離去，趕往下一「攤」。

記：這就是「席不暇暖」成語的來源；而您呢？

墨：往往煮飯的煙囪（突）尚未發黑（黔），我來不及等飯熟，就趕到下一站去了。

記：您是那種「爸爸不回家吃晚飯」的不及格父親。

墨：那也是不得已的事啊！

記：一切爲了國家，爲了社會。

「國家工人黨」創黨人

墨：才不得已的立黨結派。

記：那麼容許我說：您是墨黨的「黨魁」。

墨：我是「墨」的第一任「鉅子」。

記：這「鉅子」是繼承的？還是民選的？

墨：完全由民選產生。

記：那麼這個組織一定很鬆散囉！

墨：我和我的學生及門徒不僅講學論道，而且死生與共，專門愛打抱不平，成了一個行俠仗義的集團。

記：我進一步想請教您的是：您是哪一國人？

墨：其實我也不知道我是哪一國人。對我來說，是哪一國人並不重要；重要的是對社會、對人類有貢獻。

記：爲什麼？

墨：因爲「工人無祖國」！

記：那麼爲什麼有人說您是魯國人？

墨：在春秋戰國時代魯國文化水準最高，我生在孔子之後，孟子之前，由於我學過「儒者之業，受孔子之術」，而且我在魯國長時間的居住過，繆公常向我討教國事。

記：您擔任過魯繆公的「王府資政」。

墨：所以後人認定我是魯人。

記：怎麼又有人認爲您是宋人呢？

墨：楚國有次運用公輸般新造的雲梯攻宋，我除了派弟子禽滑釐等三百人，爲宋國設防禦武，另外我跑了十天十夜的路程到楚都郢（今湖北江陵）去勸說公輸般停止攻宋，人們看到我這麼幫宋國，加上我在宋昭公時曾作過宋國的大夫，所以大家才認爲我是宋人。

記：那您認爲自己是哪一國人？

墨：我相信我是宋國人。

記：爲什麼？

墨：我的祖先在商周改朝換代之際，周公旦把亡國的殷人集中在商丘地方，封給微子啟統治，是爲宋國。

記：這麼說來，宋乃亡國之人的集中營，其後人常處於悲愴苦情之境。難怪宋楚瑜……。

墨：您說什麼我不懂！

記：我們不談這些您「不懂的事」！您還到過哪些國家？

墨：我除了到過上述宋、魯、楚三國之外，曾經奉魯之命出使衛、越，老而遊齊、魏兩國，晚年居楚之魯陽。

記：您幹嘛遊走南北各國？是宣傳「工人無祖國」理論？還是串聯「無產階級革命運動」？

墨：基本上我是個社會改革家而非流血革命家。

記：怎麼說？

博愛　兼愛　仁愛

墨：我主張兼愛，以悲天憫人的胸懷，行摩頂放踵之善，以濟天下。

記：何謂「兼愛」？

墨：兼愛又叫別愛，把自身的愛推廣及旁人，亦即「視人之父若其父，視人之子若其子」。

記：難怪孟子說：「墨子兼愛，是無父也；無父無君是禽獸也。」

墨：那個我未曾見過面的孟軻小子，也未免太過分了一點！

記：您別生氣，寬宏大量不計小人過，一部《孟子》七篇全是潑婦罵街之文。

墨：據說他見過梁襄王，出宮門就破口大罵「望之不似人君，就之而不見所畏」。太過分了！太過分了。

記：他連當世的帝王都敢罵，何況您這個上一代的學者。

墨：結果是他做了錯誤的示範。中國歷代文人，苛責於人，一提筆就罵人；謬獎於己，三句話不忘自我吹噓！

記：我深有同感焉！By the way，您這「兼愛」與宗教家的「博愛」有什麼不同？

墨：所謂兼愛是「無等差之愛」！

記：怎麼個無等差？

墨：舉個例子來說：您的父母和我的父母，站在你我看固有不同，但在天的角度看，卻全是一樣。人性本於天性，所以應該兼愛，把別人父親當作自己父親一樣的孝敬。

記：跟宗教家的「博愛」有何區別？

墨：博愛是捨小愛——個人之愛，而取法大愛——世人之愛。

記：怎麼說？

墨：宗教家爲了能愛別人，結果出家——絕夫妻之愛、斷父子、兄弟之情；毀身——剃髮、灼膚、無後。

記：基督教可能好一點！

墨：也一樣！他們深信人是自私的，捨不得自己，絕對救不了世人。

記：耶穌曾對他母親說：「婦人！在你我之間有何關係？」當耶穌聞其母和兄弟找他時，他竟然說：「誰是我的母親，又誰是我的兄弟。」接著耶穌展臂向他的門徒宣示：「若不能捨棄自己的父母、妻子、兄弟、姊妹，甚至於他的生命，就不配做我的門徒。」（〈馬可福音〉第三章33、35節）

墨：說得是，我沒有誆您吧！

記：那儒家孔子的「仁愛」呢？

墨：兼愛是無等差之愛——視人如己，而仁愛卻是有等差之愛——先己後人。

記：請舉例說明！

墨：「老吾老以及人之老，幼吾幼以及人之幼」，就是等差之愛。

記：這麼說來，孔孟是政治家——行救國之人；您墨子是社會慈善家——行救人之人；釋迦、耶穌是宗教家——行救世之仁。

墨：您總算懂了！這我最愛聽。

記：宗教家行救世之愛陳義過高，不是人人可以做到的——假如人人都做宗教家，這個世界也就毀了；但卻可以鼓勵人人行救人之愛的社會家；至於行救國之愛的政治家，也不是人人可以做的——不在其位不謀其政，古有明訓。

墨：難得有人讀《墨子》讀到這麼用心的，得一知己死而無憾，我爽死了！

記：孟子好讀《墨子》不但不求甚解，還誤解其意。

孟軻啊！您不懂我的心

墨：他害死我了。儒墨二家在春秋戰國時代同是「顯學」，各有領域，各領風騷，不相上下，結果被他這麼一破壞，一蹶不振。

記：到了漢朝再碰到個董仲舒「罷絀百家、獨尊儒術」。墨家學說，變成「體」無完膚了。

墨：我眞的很不甘心！

記：現在讓我替您發揚光大一下。首先，您爲什麼主張節用、薄葬？

墨：您也知道我們是一群無產階級的手工藝者，「大富由天，小富由儉」，如果我們想要「窮人翻身」，唯一方法就是節用，至於薄葬和節用

是一體的二面。

記：可是儒家重視「愼終追遠」，其目的可以敎孝，推而至於敎忠、敎仁，達到「民德歸厚」的理想境界。

墨：厚葬久喪，勞民傷財！與其把錢用在死人身上，還不如用在活人身上，達到「兼愛」的目標。

記：親人死別前的唯一享受與禮遇，也要把它剝奪，這樣未免太無情了吧！

墨：可是您要知道，人死後不論是水晶棺、金銀槨、大理石棺，其最後還是免不了被蟲蛀蟻蝕的下場，所以儒家主厚葬，根本是多此一舉。

記：這麼說來，您也反對各種繁文縟節的禮和樂。

墨：禮和樂是資產階級制度下的產物，也許軍禮（樂）、迎送禮（樂）、喜慶禮（樂）、宴飲禮（樂）、授勳禮（樂）……自有其需要。

記：至少那是表現（演）給活人看（聽）的；看（聽）的人，也許可以得到一時之「爽」。

墨：至於喪禮、葬禮和祭禮，最爲浪費、最爲無聊，連孔子都承認：「祭之豐，不如養之薄也。」

記：那是標準的活人別苗頭，表演給死人看的。

墨：而死人根本就看不到，難怪孔丘說：「禮云禮云，玉帛云乎哉；樂云樂云，鐘鼓云乎哉！」

記：您反對禮樂，即在反對奢侈，反對虛僞，這點我理解；但您爲什麼還主張天志、明鬼，尙同，尙賢呢？那豈不有點威權主義、國家主義與思想管制，有違無產階級的平等主義。

墨：爲了結合工人的力量，初期不得不用威權主義、國家主義與統一思想，造成向心力以資結合工人團體。

現代思潮的鼻祖

記：經過了今天的訪問，我才知道墨家與儒家，當時被稱爲「顯學」的原因。

墨：怎麼說？

記：您的思想與學說，博大而宏偉，眞可說：「百世以俟聖人而不惑，放諸四海皆準之。」

墨：有這麼誇張嗎？

記：Let's see！您提倡「兼相愛」？

墨：是的！

記：那就是近代俄國小說家與社會改革者托爾斯泰(Leo Tolstoy, 1828－1910)所主張的「利他主義」，認爲「財產就是盜竊」(Property is theft)。

墨：是嗎？

記：您的「交相利」就是近代俄人克魯泡特金(Peter Kropotkin, 1842－1922)的「互助論」(Mutual Aid)。

墨：好像有一點！

記：您的「節用」、「薄葬」、「非禮」、「非樂」，乃是近代英人邊沁(J. Bentham, 1748－1832)創導的功利主義(Utilitarianism)。

墨：他也謀求「最大多數人的最大幸福」嗎？

記：您主張「非禮」、「非樂」以及「非攻」，更是與馬克思(Karl Marx, 1818－1883)的唯物主義、人道主義與和平主義，若合符節。您不愧爲現代西洋政治思潮的祖師泰斗。

墨：哇！我爽死了！

記：您不是標榜非樂嗎？

——99'．7刊於《國文天地》一七〇期——

權能區分理論的發明者
～諸葛孔明訪問記～

「功蓋三分國，名成八陣圖；江流石不轉，遺恨失吞吳。」每讀杜甫這首史詩，就使我們想起神機妙算的諸葛孔明先生。一部二十四史，人才之盛，莫過於三國；而三國人物，集儒、道、法於一身，運智、謀、術、數於雙手，又莫過於諸葛亮。若無諸葛亮的連吳抗魏，火燒赤壁，予曹操以重創，那麼也就沒有前後近九十年的三國鼎立時代；如果章武二年（西元二二二年），諸葛亮能力阻先主伐吳，免於損兵折將，飲恨而終，或許西蜀大有可爲，雖不敢説定能完成北伐、統一中原，造成第三個漢朝（西漢、東漢、南漢）；但至少蜀漢的正朔，不會只得四十二年。時也！命也！這一切的一切，也許早在諸葛武侯的「神算」之中。今天讓記者親訪諸葛先生，説個明白。

流浪童年　躬耕南陽

記：孔明先生您好！謝謝您接受我們的訪問。

亮：幸會，幸會！多謝，多謝！這是個大眾傳播事業發揚的時代，能接受記者的訪問，也是selling myself的方法之一。

記：首先要向您請教的是：您姓諸？還是姓葛？或是諸葛？甚至姓孔？

亮：三代以來，「因生賜姓，胙土命氏；姓以別婚姻，氏以貴功德」。所以姓是姓，氏是氏，不可混爲一談。

記：那您到底姓諸還是姓葛？

亮：我的先世，以葛爲姓。原是山東琅邪郡諸縣人（今諸城），後來搬到陽都縣（今沂水縣）。陽都縣原先就有姓葛人家，當時爲了區別這二支葛姓人家，於是我這一支改以諸葛爲氏（亦即諸縣來的葛氏家族）。從此，世世代代均以「諸葛」爲姓，成爲中華姓府中的一個複姓。所以陳壽寫《三國志》，說我是「琅邪陽都人也！」没錯。

記：這麼說，您姓葛，姓諸葛都可以，但不能姓諸；可是您爲什麼又

叫孔明？又有人稱您爲諸葛武侯？

亮：我姓諸葛單名亮，字孔明。因爲「亮」就是「孔中有明」，「字」副其「名」，這叫「同訓」。二二三年後主（即阿斗）即位，封我爲武鄉侯，所以有人連姓帶銜叫我諸葛武侯。

記：根據史載，您去世後，得諡號「忠武侯」，這也是原因之一吧！

亮：想來是的。

記：台灣演藝界有個「吃這個也癢，吃那個也癢」的豬哥亮，是不是您的本家。

亮：您別損人了！那人是「豬哥」亮而非「諸葛」亮，絕對「非我族類」。

記：那您要不要告他「仿冒」？或竊據「智慧財產權」（姓名也是智慧財產權之一）？

亮：算了，算了！大人不計小人過。

心事啥人知　思慕誒郎

記：聽說您年輕時「不求聞達於諸侯」，只想立志做個喇叭手而已，是嗎？您是吹 saxhorn（薩克號），還是吹 bass（低音管）？

亮：做個喇叭手？荒唐之至！那個年頭，中西尚未海通，哪來的這洋玩意兒？

記：哼！我在美國念書時，就看過一個洋鬼子寫「諸葛亮研究」的博士論文。他根據「亮少有管樂之才」一語，判定您曾立志做個吹鼓手。

亮：豈有此理？哪有此事！

記：那老外說「弦樂」就是鋼琴家；「管樂」想當然耳是喇叭手了。

亮：哈！笑死人了。「管樂」是指管仲與樂毅。前者是春秋時代的政治家，曾輔佐齊桓公成爲五霸之一；後者是戰國時期的軍事家，曾助燕昭王統帥燕、趙、韓、魏、秦五國聯軍，大敗齊國。《三國志》說我少年時對政治與軍事就有「旺盛的企圖心」，因而有「管樂之才」之說。

記：那您「躬耕於南陽，苟全性命於亂世……」只是個幌子，作作秀而已。

亮：這個用肚臍眼想也知！我是山東海濱琅邪人，不在窮鄉僻壤的陽都「躬耕」，卻跑到政治中心的襄陽去「躬耕」，我發瘋噢！

記：喔！我知道了，這叫做「諸葛亮之心，路人皆知」！足可與司馬

昭媲美矣！

亮：難得我的心事，有人知！

記：謝謝您教了我一招！哪天如果我也想「聞達於諸侯」的話，我準備買個睡袋，跑到台北二二八和平公園，懷寧街與凱達格蘭大道的角落裡席地嬉痞一番，然後掛上「留美政治哲學博士韓子躬耕於此」的白布條。

亮：這又幹嘛？

記：以便讓近在咫尺的李登輝，知道「其實你不懂我的心」。

亮：那又何苦？

記：這表示我在「候選」而非「競選」啊！

亮：說的也是。總比「小丑」成天唱著「心事啥人知」、「忘不了」、「思慕誒郎」而沒有人理會，來得有「格」一點。

記：您是怎麼跟劉皇叔有了「第一類」的touch。是您毛遂自薦？還是他來訪您？根據裴松之《蜀志注》，說您去訪劉備的。

亮：當然是先主他來訪我。何物裴松之？竟敢如此誣衊我的人格和氣節。

記：芸芸眾生，人才如過江之鯽。劉皇叔怎麼會對您有那種「關愛」

的眼神，進而有了超凡的「友情」？

南陽四大寇　待時而動

亮：我年輕時在南陽、隆中山讀書時，有四個最要好的同學。

記：是哪四個人？

亮：他們是博陵崔州平、汝南孟公威、潁川石廣元、徐庶元直先生。

記：這是三國時代的「四大寇」。

亮：我們五個以及司馬徽德操先生，早就約好，將來在政治上互相提攜、推薦。

記：這就難怪徐庶不惜貶損自己，以「猶駑馬並麒麟，寒鴉配鸞鳳」極力推薦老友了。

亮：誰叫我們是「換帖兼死忠」的結拜兄弟，必須爲「道友」兩肋插刀。

記：既然您這麼有心報效國家，那又爲何教人三顧茅廬呢？

亮：要教他知道「大有爲之君，必有不召之臣」，得來不易，才懂得珍惜。

記：所以才整他冤枉。

亮：徐庶推薦之後，那劉皇叔還不知輕重，只輕鬆的說：「君與俱來！」徐庶立刻迸回去：「此人可就見，不可屈致也，將軍宜枉駕顧之。」

記：這也是您教他的？

亮：當然！當然！

記：於是劉備就準備了「六串香蕉」三牲大禮，帶著關（羽）、張（飛），欲往隆中探視閣下。

亮：說時遲，那時快，徐庶拜別了劉玄德，便立刻Fax給我。

記：您就灑掃庭院，以待劉、關、張的到來？

亮：我立刻派「我的朋友」司馬徽先生，峨冠博帶，道貌岸然的在途中，使之與劉、關、張三人「不期而遇」。

記：幹嘛？

亮：要讓他們以爲遇見了孔明先生。

記：然後呢？

亮：等兩造通報姓名後，才揭曉謎底，自謙「山野村夫，未識時務，識時務者須求俊傑，人間濟世俊傑，唯有臥龍先生諸葛孔明也」。

記：這叫先聲奪人，未見其人先聞其名。

亮：那天我故意「今天不回家」，讓他們撲個空。我特別關照應門的boy說：「今早外出，蹤跡不定，現今不知何處去了！」

記：於是三人怏怏而回。

亮：在回程的途中，讓他們遇到崔州平。

記：又趁機爲您做了一番「小衆傳播」？這都是您閣下預先安排的？

亮：當然，當然！

茅廬再顧　撲空而回

記：那第二顧呢？

亮：過了數日，他們三人探得我在家（可見情報工作做得不差），立刻動身來訪。

記：這次見到了嗎？

亮：哪有那麼簡單？我特別安排了石廣元、孟公威二人，在途中的一家酒店「攔截」他們，著著實實的爲我做了一次「發表會」，使得劉備心

癢難熬，恨不得立見斯人。

記：結果呢？

亮：進得門來，見一文士正在堂上吟詩：「鳳翱翔於千仞兮，非梧不棲；士伏處於一方兮，非主不依。樂躬耕於隴畝兮，吾愛吾廬，聊寄傲於琴書兮，以待天時。」

記：這下您終於現身了。

亮：乃舍弟諸葛均是也，並告以孔明不在，正與崔州平相約外出散步，稍待即回家。

記：哇塞！故布疑陣，層層相扣，比之希區考克的電影，有過之而無不及。

亮：三人等了一下午，終於有人回來了！

記：這次一定是孔明囉！

亮：乃家岳黃承彥也！當然又趁機給他們做了個「說明會」。

記：「先生不出，奈蒼生何？」閣下吊足了劉備的胃口。

亮：完全是供求問題，誰叫他求賢若渴。

記：三人是「乘興而來，敗興而歸」。接著第三顧呢？

亮：次年開春，三兄弟又來了。
記：這下再也没有理由不見了。
亮：我一聽三人在莊前叩門，立刻進草堂學宰予。
記：學宰予幹嘛？
亮：裝午睡。
記：那一定是最長的一次午睡。
亮：足足睡了二個時辰。
記：也就是說四個小時。
亮：爲了這個午睡，我前一晚通宵未睡。

君臣相見　如魚得水

記：最後以什麼樣的「場景」見面？
亮：頭戴綸巾，身披鶴氅，飄飄然如神仙中人，口中唸著：「大夢誰先覺？平生我自知。草堂春睡足，窗外日遲遲。」
記：簡直像在演電視劇嘛！

諸葛亮所戴之綸巾（諸葛巾）

亮：接著我給劉備做了個國際現勢簡報：「今操已擁百萬之眾，挾天子而令諸侯，此誠不可與爭鋒；孫權據有江東，已歷三世，國險而民附，賢能爲之用，此可以爲援而不可圖也。荊州北據漢沔，利盡南海，東連吳會，西通巴蜀……此殆天所以資將軍，將軍豈有意乎？」

記：這時劉備已經被您擺佈得服服貼貼，不禁嘆曰：「孤之有孔明，猶魚之有水也。」

亮：這才叫魚水之歡，子夏有言：「魚失水則死，水失魚猶爲水也。」

記：難怪您這麼得意！不過我一直感到納悶的是，您隱居南陽隆中山，怎麼對當時的「國際現勢」瞭若指掌呢？

亮：您以爲隆中山是個什麼大山！我居住的隆中山臥龍崗，只是位於南陽城南的一座小山丘而已。

記：它上通許昌、汴、洛，下達荊、吳、交趾，正處南北交通孔道。

亮：別忘了！舍弟諸葛誕在曹操處，家兄諸葛瑾在孫權處，他們三不五時回來報告消息。

記：他倆都是您的spy！

亮：您一定要這麼說，我也「沒法度」！

記：這麼說來您是位傑出的「政治秀」演出者。

亮：哪裡的話。

記：聽說您老兄，還是個名劇作家。

亮：見笑，見笑！

龍鳳呈祥　政治陽謀

記：您自編自導過一齣愛情喜劇「龍鳳呈祥」。過去大凡民間富室，每有喜慶宴會，都以演出「龍鳳呈祥」來助興，您也算是功在藝術了。

亮：好說，好說！

記：說說本事來聽聽。

亮：建安十三年（西元二〇八年）曹操親自領軍，以鉗形攻勢，先滅荊州驅劉備，佔有漢水與揚子江之間的廣大土地；接著準備對東吳用兵……。

記：我讀過曹操給孫權的戰書是這麼寫的：「近者奉辭伐罪，旌麾南指，劉琮束手；今治水軍八十萬眾，願與將軍會獵於吳，將軍其留意

焉！」

亮：於是我就和魯肅決定設計「孫劉聯兵」同心抗曹；因而有了赤壁之戰，成了三國鼎立的局面。

記：當時東吳和西蜀表面上聯兵作戰，共同抗曹；骨子裡卻是同床異夢，各懷鬼胎。

亮：說得對！

記：爲鞏固雙方關係，於是您就和孫權，設下這一齣政治婚姻的「陰謀」。

亮：哪是陰謀？根本就是「陽謀」。

記：怎麼說？

亮：孫權有個幼妹，名叫尚香，年方二十，正待字閨中；加上先主連喪妻妾，正好一拍即合。

記：劇名「龍鳳呈祥」，婚姻生活一定很美滿囉！

亮：美滿個屁！一個巾幗英雌，年輕貌美；一個年已半百，飽經風霜，早就如強弩之末，心餘力絀準備做「淘汰郎」了。

記：那不是老牛吃嫩草嗎？

亮：可不是嗎？成親才二年，也沒生個一男半女，孫夫人就被他老哥孫權派人接回東吳去了。

記：是受不了「不堪履行同居義務」之苦？或是發生政治歧見？

亮：我看兩者都有。

記：您們怎麼不買「威而剛」給劉備補一補？

亮：等孫氏回東吳，我們才推知眞相，但已來不及了。

記：這樁政治婚姻的結局如何？

亮：十三年後，先主因爲關羽爲東吳所害，憤而撕毀了我的「戒急用忍，親吳抗魏」國策，改採「以武力東征孫吳」政策，結果連吃敗仗，悲憤交集，怒火攻心，得下痢而病逝。孫夫人在吳地得知消息，竟憑江遙祭，投江殉節。

記：孫夫人是政治婚姻的犧牲者，閣下於心何忍！

亮：那也沒辦法，「以國家興亡爲己任，置個人婚姻於不顧」。

記：唐朝的「文成入藏」，民國的「香梅納德」都是政治婚姻的例子。不過陳夫人至少還享受了「一千個春天」，而孫夫人過的卻是「七百個寒冬」。

亮：基本上孫尚香的婚姻是個大悲劇，您們的京劇「龍鳳呈祥」卻把它編成個大團圓的吉兆，標準的將自己的快樂，建築在他人的痛苦上。記者先生，我們今天不談這些不愉快的事情好不好？

一門三傑　龍虎狗

記：也談談您的感情生活——婚姻如何？

亮：我的婚姻，乏善可陳！

記：聽說您的婚姻也是政治婚姻一樁。

亮：豈有此理，哪有此事？

記：您的岳父是黃承彥，對罷！

亮：是又怎樣？

記：黃氏門第在當時十分顯赫。黃承彥乃蔡諷之婿。蔡諷有三女：長女嫁黃承彥；二女乃靈帝朝太尉張溫的夫人；幼女乃劉表續絃夫人；其子蔡瑁乃曹操水軍提督。

亮：您的意思：家岳父的連襟、舅子，都是顯赫的人物。

記：對！對！

亮：但我都沒有用到這幾層關係，照理我應該在劉表處做事，然後投效曹營。

記：憑蔡諷、蔡瑁父子的關係，您若投效曹營，不但大有可爲，說不定可以一統江山，造成另一個局面。何必跟著劉備，小國寡民，最後落得「出師未捷身先死，長使英雄淚滿襟」，令千古之下，欷歔不已。

亮：話可不是這麼說。俗云：「女爲悅己者容，士爲知己者死！」

記：此話從何說起。

亮：我深知「雞蛋不可放在一個簍筐內」的哲學，所以當時我們兄弟三人：家兄諸葛瑾投效東吳，堂弟諸葛誕投效曹操，我則投效劉備。

記：兄弟三人的結局如何？

亮：當然我最得意，歷二主，爲權傾一時的丞相，人稱「蜀得其龍」。封武鄉侯，領益州牧。

記：令兄諸葛瑾呢？

亮：拜大將軍，做過豫州牧，人稱「吳得其虎」。

記：令弟諸葛誕呢？

亮：做過御史中丞尚書（相當於監察院院長），出任揚州刺史，人稱

「魏得其狗」。

記：好一個龍、虎、狗，一門三傑，並有盛名，可說空前絕後！

亮：空前是實，絕後則未必！

記：何以如此說？

亮：君未見「宋氏三姊妹」：一個愛錢，一個愛民，一個愛權；分別投效資本主義、共產主義與三民主義。產、官、軍、政全包了。

記：得了！得了！我們不談現實政治，免得我的專欄遭到像王偉忠的節目被關閉一樣的命運。對了！話歸正題，何謂「士爲知己者死」？

亮：我有感於先主的知遇，三顧茅廬而出，所謂「良禽擇木而棲，賢臣擇主而事」，就是這個道理！

記：曹操兵強馬壯，資源豐富，人才眾多，不是更有發揮的空間？

亮：您沒讀過曹操的〈短歌行〉，那個臭屁樣！

記：〈短歌行〉？「對酒當歌；人生幾何？譬如朝露，去日苦多……何以解憂，唯有杜康。」橫槊賦詩，千古絕唱，雄偉而淒涼。

亮：哪裡？這是他的招降詩。

記：何以見得？

亮：那時諸葛瑾和我分別投效東吳和西蜀，只有諸葛誕在他手下，他意猶未足，很想總攬三人。

記：所以他說：「青青子衿，悠悠我心。但爲君故，沉吟至今……。」

亮：最可惡的是：「月明星稀，烏鵲南飛；繞樹三匝，何枝可依？」

記：這分明譏笑您和諸葛瑾像烏鴉、像喜鵲一樣。

亮：「南飛」（一個投效孫權，一個投效劉備）的結果是繞樹三匝，何枝可依？簡直欺人太甚！非常不爽，決定與之周旋到底。

記：換句話說，劉備之招才，是主動、是積極的移樽就教；而曹操則「山不厭高，海不厭深；周公吐哺，天下歸心」，以周公自居，消極的叫人自動去投效。

亮：就是這樣 kimogi 不爽！

記：這麼說來「劉備的江山是哭出來的」，一點都不假。

亮：當然！曹操卻因倨傲而失去統一之機。

三心牌　三不朽

記：By the way，剛才談到您的婚姻！我相信「一個成功的男人，背後一定有雙推動的手！」聽說您夫人，才德俱優，十分賢慧，只是面貌十分醜陋，號稱「三心牌」。

亮：何謂「三心牌」？

記：所謂「三心牌」是形容太太很醜，醜到見面時「噁心」，擺在家裡「放心」，一想起來就「傷心」。

亮：哪有此事，只不過髮稍黃，面稍黑，沒有擦O'lay而已。

記：當時南陽地區，爲何有：「莫作孔明擇婦，止得阿承醜女。」

亮：那是南陽女孩同行相嫉，見不得我太太嫁作丞相夫人。

記：正是「仇人心中出無鹽」酸葡萄心理。

亮：我們不談我太太好嗎？她又不是「中國小姐」出身，我又不是「夫以妻爲貴」才當丞相的（相當於現今行政院院長）。

記：好！好！我們換個話題。

亮：今天我是奉陪到底了。

記：每次讀《三國演義》，總覺得您是中國歷史上最幸運、最理想的讀書人。

亮：何以見得？

記：太上三不朽：立德、立功、立言您全包了，歷史上沒有人能超越過您，而且您還是最瀟灑的人物，神機妙算，可說樣樣高人一等，處處佔著先機。

亮：從何說起？

記：您三氣周瑜，愚弄魯肅，騙得司馬懿咬牙切齒，玩弄曹操於掌心，這還不夠。

亮：處在那個風雲際會的時代，也是不得已的。因爲對敵人仁慈就是對自己殘忍。您說的三不朽，我倒樂意聽聽！

記：就立德而言：您忠貞不二，大公無私，尤其劉皇叔臨終託孤那一幕，眞是震鑠千古，不做第二人想。他是如何交代後事的？

亮：先主在病榻上執著我的手說：「君才十倍於曹丕，必能安國，終定大事。若嗣子可輔，輔之；如其不才，君可取之。」

記：其實劉備很不夠意思！既要託付大事，又要試探人家。萬一碰到

個野心家，豈不引起動機，正中下懷。

亮：正因爲他老人家很了解我，才會這樣試探我；他也料到我會「臣敢不竭股肱之力，效忠之節，繼之以死」了。

記：這就是您「鞠躬盡瘁，死而後已」的高尚情操了。

亮：那麼立功呢？

記：赤壁破曹，奠立蜀漢基業；平服南蠻；開發中南半島。這是您的三大功業。

亮：那麼何謂立言？

記：就憑您的〈前後出師表〉即可傳誦千古，至情至性，即使大文豪也做不到。何況您還有「便宜十六策」，無論治國、治人、治亂、整師、將帥……等，無不包括。眞可說是一部治國大典。

亮：其實我最得意的是，我發明了「權能區分」的理論。

記：我們都知道您是偉大的發明家，您造木牛流馬當運輸工具，傳說「饅頭」也是您發明的？

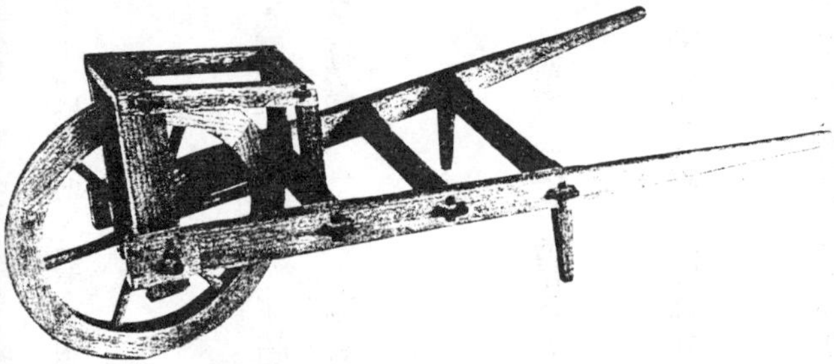

諸葛亮所發明之木牛車

亮：是的。建興三年（西元二二五年）五月，渡瀘水伐南蠻，九月回師，再渡瀘水，時值秋日，陰雲布合，狂風驟起，兵不能渡……。

記：那怎麼辦？

亮：孟獲告知，此水冤死者多，往往猖神作禍，往來行旅兵馬，必須祭之。

記：用何物祭之？

亮：用七七四十九顆人頭並黑牛白羊祭之，自然風平浪靜可以安全渡過。

記：您是仁義之師，用兵殺戮，萬不得已，不忍再添冤死鬼魂。

亮：因此，我就下令「後勤連」，宰殺牛羊，和麵爲饅，塑成人頭，內塞牛羊之肉以代之。

記：所以，「蠻頭」、「饅頭」就是這麼來的。

亮：對了！

記：這麼說來「饅頭」是南方產品，而非山東專利。

亮：是啊！「饅頭」是我發明的，我當然知道它的典故；可是您別忘了，我原籍山東，是道地的山東人。

記：現在山東老鄉卻把饅頭當「包子」叫，不知道從何時開始。

亮：這我就不知道了，南方人像江、浙人還一直管叫它饅頭。

有權無能　有能無權

記：對了！剛才您說「權能區分」也是您發明的！可別亂開玩笑呵！這牽涉到「著作權法」，到時候國父的孫子——孫治平先生告您一狀，您可吃不了兜著走喔！

亮：難道您沒有讀過我的「便宜十六策」的「君臣第二」。

記：裡面說了些什麼？

亮：君謀其政，臣謀其事。政者，正名也，事者，勸功也。君勸其政，臣勸其事，則功名之道俱立矣。是故君南面向陽，著其聲響，臣北面向陰，見其形景。聲響者，教令也；形景者，功效也。

記：好像有這麼一點點！

亮：還有，在〈前出師表〉：「宮中府中，俱爲一體，……若有作姦犯科，及爲忠善者，宜付有司，論其刑賞，……。」

記：對！宮中就是阿斗劉禪——有權無能；府中就是首相府諸葛亮

——有能無權！

亮：後主即位，以我為相，常告訴人說：「政由葛氏，祭則寡人。」

記：這已充分證明權能分立說了。

亮：還有孫中山先生在「民權主義第五講」中，自己也承認。

記：承認什麼？

亮：孫中山先生說：「在君權時代，君主雖然沒有能幹，但是很有權力，像三國阿斗和諸葛亮，便可以明白，諸葛亮是有能沒有權的，阿斗是有權沒有能的……用諸葛亮和阿斗兩個人比較，我們便知道權與能的分別。」

記：原來如此！為了維護著作權法，趕明兒，我替您在報上登個聲明啟事。

亮：算了！算了！我也沒向內政部登記過。

記：哈哈！哈哈！

亮：哈哈！哈哈！

——98′．10刊於《歷史月刊》——

文史編

象形 形聲 指事 會意

——倉頡訪問記——

若就中西文化加以比較，不難發現版圖與中國差不多大小的歐洲，自西羅馬帝國亡後，分崩離析，不復有統一的局面；列國之數，至今達四十之多。而中國自秦漢以降，雖歷經戰爭喪亂，其中還有二次亡國於異族——宋亡於蒙古族，明亡於女眞族……亡國之久或百年，或二百六十八年，最後不但可以復國，還能同化對方，始終保持一統的規模，「書同文」實乃最大的力量。今天讓我們利用這個難得的機會，一訪中國文字的發明者倉頡博士。他是促成我民族統一，永垂不朽之功臣。

心境鬱卒 痛不欲生

記：倉頡博士，您好！

倉：我最近不好！

記：Why？

倉：剛才路過一家名叫何家人幼稚園，裡面的小不點竟然用番語：Hello! Birds can fly high. 對著我又吼又叫的。

記：這是目前敎改的時髦噱頭，美其名曰：「敎學國際化。」

倉：本國語言都不會講，就先講番語，簡直是本末倒置。

記：「讓孩子自然的在兩種語言環境中成長」，也不是件壞事啊！

倉：我們又不是新加坡，也不是加拿大，更不是瑞士，哪有兩種語言的自然成長環境。這簡直就是孟子所說的：「未有學養子而後嫁者也」，徒滅自己威風，長他人志氣。

記：此話怎講？

倉：漢字直至目前爲止，仍然是世界上使用人口數最多的一種語文，我相信將來也會是。

記：不過洋人覺得中國語文，特別難認、難學、難寫。

倉：要學會一種外國語文本來就是一種難事。

記：可是歐洲人不這麼想。譬如一個英國人學法語、德語或西班牙語要比學中文容易多了。

倉：話不是這麼講的，就英國人學中國語文來說，那的的確確是一種外國語；但就歐洲各國之間的語言，那絕對不能算是外國語，充其量不過是一種方言罷了。中國人也有人能操很多方言的，一點也不稀奇。

記：難怪恩格斯能操二十六種歐洲語言，但卻不能說中文、日文，甚或非洲語文。

倉：如果我們研究人類文字的起源，約可分為下列三個階段：

(1)圖畫文字：語言與文字分離；非洲、南美土人均有此種圖畫。

(2)象形文字：語言與文字結合；如古埃及文字。

(3)標音文字：象形文字意窮時，只好以標音文字出現；如歐洲語文、阿拉伯語文。

記：標音文字只用二、三十個字母，即可記錄語言，那豈不是非常簡易。

倉：標音文字看似很簡單、很容易，但由於其文字的構成，是由一連串的字母任意組合而成，反而變得很困難，尤其是對於外國人而言。

記：中國文字不也有部分是標音的嗎？——形聲字！

倉：中國文字的構造，是從「象形」到「形聲」，再由「形聲」到「表意」（指事、會意），一脈相傳。

中國文字的起源

記：請問您當年是如何創造文字的？

倉：中國文字的創造者，理論上應該是伏羲氏，我不敢掠美。他上觀日月星辰天象，下察山川河海地理，進一步細考蟲魚鳥獸動物之軀，四肢五官百骸之狀，於是創作了「八卦」。

記：何謂八卦？

倉：所謂八卦就是用六根短線，以其離合表達天地、水火、雷澤、山風等八種自然現象。

記：願聞其詳。

倉：☰乾三連，代表天，

☷坤六離，代表地。

☵坎中連，代表水，

伏羲畫八卦乃中國文字之始作

☲離中離，代表火。

☳震仰天，代表雷，

☱兌上缺，代表澤。

☶艮覆地，代表山，

☴巽下缺，代表風。

記：那麼八卦再加另一個八卦，交替配合是否可以記載更複雜的事物與現象。

倉：對！那就成了六十四卦。

記：現在演藝圈所謂的「八卦新聞」亦即意味著無中生有，節外生枝之意。

倉：有如伏羲之畫八卦。

記：人事越來越複雜，八卦不足以記事，怎麼辦？

倉：至神農氏改以結繩記事。

按圖索驥　從紋到字

記：那麼到了您的手裡，才正式製作文字。

倉：其實「文」與「字」是兩碼子事兒。

記：怎麼個分法？

倉：凡是記錄「物象」與「意象」的都叫文，即是紋。

記：請舉證說明。

倉：例如「日」「月」屬於天象，「山」「水」屬於地理，「心」「目」屬於人體，「艸」「木」屬於植物，「牛」「羊」「隹」「鳥」（隹爲短尾禽，鳥爲長尾禽）屬於動物；「門」「戶」屬於宮室（單扇叫戶，雙片叫門），「刀」「弓」屬於器用。以上各字純粹以「見物畫形」，不含其他意義，我們稱之爲「物象」，意即象形字。

記：那麼何者叫「意象」？

倉：凡是在象形字上加意念的表達就叫「意象」，它包括了「見形知意」的會意字與「聽聲讀音」的形聲字。

記：請再舉例。

倉：如「上」「下」兩字，這「一」橫代表大地；大地之上與大地之下，就出現了上下等字；如「旦」，日出於大地之上；如「夕」乃半日半月之形，黃昏時刻，向西望正是日落西山，向東望正是暈月初昇時。

記：這「文」（紋）我總算懂了，那「字」又是什麼？

倉：凡是「形」與「聲」結合以及「形」與「意」結合的都叫「字」。

記：請舉例說明。

倉：「形」「聲」結合的有：江、河、梅、柑、桔、橘……等；「形」「意」結合的有：人言爲信，中心爲忠，止戈爲武，雙木爲林，三木爲森，八（背之義）ㄙ（私之象形）爲公……等。

記：那「碧」與「寶」之類的字，算象形、形聲還是會意字？

倉：那已經是象形、形聲、會意三合一的字了。

記：怎麼個三合一？

倉：碧字從玉、從石，白聲；寶字從宀、從玉、從貝，缶聲。

中國文字的藝術性與科學性

記：噢！我知道了！漢字主要的以象形、指事、會意、形聲四種方式爲主來造字，再加上轉注、假借形成多采多姿，既科學又富聯想力的一種文字，絕不是單調、缺乏聯想力又不合邏輯的標音文字所可比擬的。

倉：對！對！所以使用它的人最多。

記：不過一般人批評漢字龐雜無章，不能以「字母」歸類。

倉：誰說漢字沒有字母，漢字共有五百四十個字母（亦即語根），再以每一個字母衍生十個左右的單字，即有五千四百個單字，通常我們看報章雜誌只要有三千五百個單字，即夠充分利用。

記：然而我們讀英文，讀到高中畢業，已有一萬多單字，但還不能看懂簡易的文章；而英文字彙之多，牛津大字典，達六十萬字，即或韋氏大字典，也有近三十萬個單字。

倉：所以說，漢字不但造型科學，音、形、義兼顧；而且也易認、易學，把五百四十個字母學會了，再由字母（通常是二個、三個，最多四個、五個）結合成三千五百字即可靈活運用。當然，漢字的唯一缺點，的確難寫。

記：不過這也正表現了漢字特有的藝術性。

倉：對！唯有中國字才有書法可言，別的文字，門兒都沒有。

記：您剛才說漢字也有字母，可否再解釋一下。

倉：譬如說，戔ㄐㄧㄢ就是個字母，它的意思是「小」的意思，大凡與戔結合的字，望文生義，其義即小的意思，發音離不開「ㄢ」韻。

記：舉個例子如何？

倉：如「淺」：小水也；「錢」：小金屬即銅錢也；「綫」：小糸也；「賤」：小價值、不值錢也；「餞」：小飲、小吃也；「盞」：小酒器也；「殘」：部分小傷毀也；「濺」：小的、不乾淨的水也；「箋」：小紙片也；「牋」：小竹簡也……。

記：有了！「青」：是美好的意思，所以我們可以說青年，不能說輕年，但可說年輕。而雨過天青，特別美麗清新。所以，「晴」：美好的太陽；「睛」：美好的眼神；「情」：美好的心；「請」：美好的言語；「清」：好水；「精」：好米、好種子；「菁」：草之菁英；「倩」：美人……。

倉：再如勾本作句ㄍㄡ，彎曲的意思。於是，「鉤」：曲的金屬勾；「笱」：捕魚的曲竹籠，魚只能游進不能游出；「跔」：腳凍成彎曲狀；「痀」：曲脊，一種駝背病；「耇」：老人背傴僂；「⿰句刂」：曲刀即鐮刀也；「苟」：蔓草曲生；「拘」：把犯人的手反銬；「朐」：脯的彎曲處……。

記：俊ㄐㄩㄣˋ者，高也。「俊」：稱人身材高大；「駿」：高大的馬；「峻」：高大的山；「竣」：站得高高地；「浚」：水位高漲，水流暢通狀；「酸」：酒起泡高高的，變酸；「餕」：吃剩下的食物已發酵；「焌」：火勢被點燃；「畯」：掌田的官吏，或農夫；……，「梭」：一種中間高，兩頭尖的織具……。

倉：還有「侖」者，經省思，有條理的。「倫」：有條理的人際關係；「輪」：輪子，輪流，有一定次序；「論」：有條理的言語；「崙」：山的脈絡；「掄」：有規律的揮動；「淪」：水渦……。

記：哇！眞是不勝枚舉，這些「字母」亦即字根，不但望文生義，了解它的意義；更可以望形得音，進一步的知道它的讀音。這下我承認漢字不但易認、易學、易記，是世界上最優美的文字，一脈相傳四、五千年之久，不是別的語文所能比的。

倉：這才不枉費我當年發明這種特有文字的苦心。

中國文字的時代性與永續性

記：全球的華人都應衷心的感激您才對！由於您對漢字的獨特創作，

使我國文化一脈相傳永不中斷；中國人至今讀兩千多年前的《論語》、《孟子》等古書毫不費力；而現代英國人若非經過高深研究，已不能讀四百年前莎士比亞的作品，英文《聖經》平均每十年都要翻譯一次，否則後人很難看得懂。

倉：還有，別種文字，只要發明或發現一種新東西，就必須造一個字，新字時時刻刻在增加，便須隨時認和記新造的字，不勝負荷；而中文則不然，單字不增加，只增加連綴的詞彙而已。

記：舉例說明吧。

倉：像時序進入電子時代，於是電燈、電影、電視、電熨斗、電話、電池、電宰、電梯、電車……詞彙可以無限制的增加，但基本字彙仍然如舊；又如現在進入原子時代，於是原子彈、原子筆、原子炭……全都出籠了。

記：有一天，當外星人蒞臨地球時，唯一可以用以溝通的語文，在比手畫腳之餘，一定是中文而非英語、法語或德語。

倉：是的，是的！

新好男人——三從四得

記：在對您感謝之餘，我有個冒昧的問題向您請教一下，可不可以？

倉：我倆一見如故，知無不言，言無不盡，有何不可；什麼問題，您說吧！

記：您是不是一個「大男人主義者」？

倉：此話怎講，我認爲我不但不是個大男人主義者，而且還是個信奉「新三從四德」的新好男人呢！

記：何謂新三從四德？

倉：以前的女子不都是要三從四德的？

記：對！女子在家從父，出嫁從夫，夫死從子；婦德、婦容、婦工、婦言，是謂四德。

倉：現在不作興這個了，一個新好男人，要做到另一種三從四德，所以叫做新三從四德。

記：哪三從？

倉：三從：太太的話要「聽從」；太太的命令要「服從」；太太的意

見要「盲從」。

記：又是哪四德？

倉：太太的生日要「記得」；太太花錢「瞎拼」shopping 要「捨得」；太太化妝打扮時要「等得」；太太發脾氣罵人時要「忍得」。

記：這就奇了。倉頡博士，您既然是個新好男人，爲什麼您所創造的字，凡是以女字爲部首的，都是壞字眼呢？

倉：哪有此事？

記：您不相信，請看：奴、奸、妒、妓、嫉、婢、姘、娼、婊、嫖、妖、嬾、媾、妨、妾、嬉、妄、妗……，這不都是您造的字？

我有話要說

倉：是我造的，可是我絕不是故意的！

記：以上是形容詞，至於說到名詞，表面上看似好字眼，實際上卻暗藏玄機。

倉：誰說的？媽媽、姑姑、婆婆、媳婦都是很好的稱呼！

記：可是當形容詞用的時候：婆婆媽媽、三姑六婆、姑息養奸就全變

壞了。

倉：我也不知道怎麼會這樣？

記：您雖不是故意卻也是潛意識的囉！

倉：我有個很凶悍的太太，肥肥的像沈××的樣子……。

記：而您的身材瘦瘦高高的像香帥楚留香鄭××那樣。

倉：有次跟朋友到茶樓飲茶，侍者提著一把黑黑圓圓的茶壺，來替我們斟茶，結果我全身莫名其妙發抖打冷顫。

記：尊夫人平日是否常穿黑衣裳？是否經常左手扠腰，用右手對著您的鼻子指指點點罵大街？

倉：是啊！正是！您怎麼知道，您看過她罵人的樣子？

記：我沒有看過她罵人的樣子，但您看到大茶壺就會發抖，這在心理學上叫類化作用。日積月累的結果您的潛意識就將恐懼的情感在造字上「投射」出來！

女人：good、better、best、pretty

倉：我承認好像有這麼回事！有次有三個辣妹，她們穿著有鬚鬚的牛仔短裙，上裝是瑪丹娜那種「內衣外穿」型，來到我家。聲言爲這件事要找我算帳，翻箱倒櫃的，還把我編的字典扯亂、講義撕毀……。

記：您怎麼辦？

倉：我嚇得趕緊躲到寫字檯底下，因爲我一向秉承「好男不與女鬥」的原則，能避則避。

記：後來呢？

倉：她們說，假若倉頡博士不出來接見她們，說個明白的話，她們要蛋洗「造字館」，不得已我只好出來。

記：她們抗爭什麼？有什麼訴求？

倉：她們抗爭我造的字，有辱中國女性，違反兩性平權原則；她們要求我今後不得再造有損女權的字眼。

記：您答應她們了？

倉：我全答應了，而且還是手按《中華大字典》宣誓的。

記：一場驚天動地的「政治風波」就此平息。

倉：她們還得寸進尺的要求我，把那二十多個有損女性尊嚴的字眼收回。

記：您也答應了？

倉：我告訴她們：我每天所造的字，都透過華視「每日一字」節目向外披露的，古人說：「一言既出，駟馬難追」就是這個意思。

記：最後這件造字風波如何擺平的？

倉：我只好發重誓，爲了將功贖罪，從今以後有關女字旁的字，全造好看、好聽的字。

記：結果您有沒有做到？

倉：有啊！我面對著那三位小姐，當場造了四個女字偏旁的字。

記：哪四個？

倉：就是好、妙、媚、姬等四字。

記：這四個字怎麼個好法？

倉：「好」就是英文中的 good；「妙」相當英文中的 better；「媚」相當英文中的 best。

記：至於「姬」呢？

倉：那當然就是 pretty！

記：這下那三位辣妹滿意了吧！

倉：她們十分滿意而且手牽手唱著：「我是女生，漂亮的女生……」

記：您也未免太「没路用」了，屈服在女人的淫威下。

倉：我才不呢！第二天我立刻在「每日一字」節目中，公布了一個「姦」字，給她們作懲罰。

記：您眞的很阿Q誒！

倉：小女子欺負起我老夫子來了，心有不甘！

記：By the way，您老實告訴我，那四個字眞正的意思是什麼？

倉：我老實告訴您吧！這「好」字是女子兩字綴合而成。什麼叫女子，凡是未婚的叫女子，已婚的叫女人，未長大的叫女生。未婚的女子，可以娶來當太太，當然「好」。從另一個角度解釋，凡是會生兒子的女人當然「好」。

記：那「妙」又含有何意？

倉：少女當然「妙」不可言；還有女人越少越「妙」。

女人眉間學問多

記：那「媚」字呢？

倉：女人最美的部分、最耐看的，就是眉毛，她們一會兒修眉，一會兒畫眉，還剃眉、紋眉的，千奇百怪、創意不斷。

記：她們把那張尊臉當畫布，一會兒畫「柳葉」、一會兒畫「雙峰」、一會兒畫「碧波萬里」、一會兒畫「火燒山（褐色的）」、一會兒畫「劍拔弩張」、……。

倉：有的還畫「八字眉」；還有的畫「北港香爐插雙香」，活像蟑螂的鬚鬚……。

記：李白說：「若無花、月、美人，不願生此世界。」

倉：女人若不畫眉毛，這世界是黑白的；女人若畫了眉毛，這女人是彩色的。

記：莎士比亞實在不懂女人，說什麼「弱者：你的名字是女人。」

倉：應該說：「女人：你是天生的油彩畫家」；但是我太太是個蹩腳的畫家。

記：她也畫眉？

倉：她畫的是濃濃的「泰山壓頂」眉；人本來就胖的像泰山，再畫上那種眉毛看了就噁心！想起來就傷心，……。

記：不過放在家裡，一定安心。

倉：那我豈不變成了「三星白蘭地」了。

記：既然這樣，您何不學學漢朝的張敞先生。

倉：張敞怎麼了？

記：他每天替夫人畫眉！他不只用眉筆畫，有時還用「舌」筆畫！

倉：好肉麻呵！

記：別人一狀告到漢宣帝那兒，連皇帝老爺都羨慕得要命。

倉：可不是！

記：我們言歸正傳，那「姬」呢？

倉：臣者，頤也，凡能作樂取悅男人的女人，就是「姬」了！當然她是天下最美的美女了。

記：您眞是個不可救藥的「大男人沙文主義者」。您這麼臭屁，不怕婦女團體再次蛋洗「造字館」。

倉：了不得再造幾個所謂的好字眼哄哄她們就是了！

記：反正女人是最健忘的動物！

倉：不過您要是討小老婆的話，她們絕對忘不了！

記：#@&*！

再訪倉頡

中國文字築形、聲、義於一體；合平衡、對稱、和諧於一爐；更是集實用、藝術、哲學於一字。它是現存歷史最悠久，造型最優美，最合乎科學邏輯的文字；不過我們發現有幾組字，造得「很不科學」。是倉頡博士老糊塗了？還是他老人家腦子「秀逗」了？讓我們再一次的請教他老人家……。

記：倉頡博士，所謂「聽君一席言，勝讀十年書」，從上次專訪閣下後，我對文字學頗有精進，繼續鑽研後，頗有心得，現已在北商空專進修補校，謀得國文教席。

倉：士別三日，刮目相看，正是此一寫照。

記：多謝栽培，十分感激；不過在下現在有幾個問題正想向您討教。

倉：是何問題，儘管出招吧！

記：您創造的漢字，是集象形、形聲與會意於一體。

倉：是的！是的！原則上是這樣的。

記：您會不會有時腦筋「秀逗」，造錯了字。

倉：應該不會吧！如果眞的有錯的話，他們一定會call in進來，指出我的錯失；不過，至今爲止，還沒有這個記錄。

記：譬如說：「射」與「矮」兩字。前者一寸之身軀，應該是ㄞˇ（矮）才對；後者委身蹲下推矢而出，才是ㄕㄜˋ（射）。

倉：……。

記：還有「鮮」與「腥」一組字。前者魚肉跟羊肉攙合在一起，最ㄒㄧㄥ（腥）不過了；後者月亮與星星同時出現在空中閃爍，根據曹操「月明星稀」的定理，那才ㄒㄧㄢ（鮮）呢！

倉：……。

記：還有「魚」跟「牛」這一組字。前者上頭象形有角，中間指事耕田用，下頭四點會意四隻腳，這才是ㄋㄧㄡˊ（牛）字；後者「牛」把它橫臥成「牛」，中間明明是ㄩˊ（魚）的脊椎骨，而左下角正好是胸鰭的一部分。每次吃魚時，兒女們都把肉挑光，剩下一副脊椎骨與胸鰭，讓我這老頭兒「收拾殘局」。

倉：養兒育女如此，不結婚也罷！

記：想必閣下無兒無女，加上婚姻不美滿，才說這話。

倉：其實人生本是一場空。

記：還有「出」與「重」這一組。前者兩山相疊，才是ㄔㄨㄥˊ（重）；後者千里之外，西出陽關無故人，才是ㄔㄨ（出），您說對不對！

倉：……。

記：我看趕明兒您趕快登報更正，免得再誤人子弟！

倉：……。

記：哈哈！哈哈！

——99′．2刊於《歷史月刊》——

哲學、史學、文學 奇人、奇事、奇書

～司馬遷訪問記～

司馬遷窮畢生之力以著《史記》。就史學言：《史記》爲我國史書之最高典範，不但《漢書》、《後漢書》、《三國志》仿其體例；即或齊、隋、唐等書，宋、元、明、清諸史，亦皆以《史記》爲開山藍本；另就文學言：《史記》文字氣象萬千、風格豪邁，有史以來無出其右者，成爲中國史學經典之正宗。他究天人之際，通古今之變，跨文史二界，成一家之言，前無古人，後無來者。

他那雄偉奇絕卻又帶點悲劇色彩的偉大作品，究係出於天賦？抑係出於後天力學？還是「鬱卒」之氣，蓄蘊既久，訇然爆發以疏憤？否則，他又爲什麼要替身首異處、被五馬分屍的項王，列入本紀；他又爲什麼把劉邦寫得那麼貪財、好色、心黑、臉皮厚，外加貪生又怕死，無情兼無義；一個自立爲齊王，再封楚王，身兼二

王，三分天下有其一的韓信，竟然只配列傳……。今天本刊好不容易找到寫完《史記》即不知所終的司馬子長先生，讓他訴說他心中的辛秘。

「謗書」殺青　隱姓埋名

記：司馬子長先生，找得我們好苦啊！您這一向都躲到哪裡去了？

遷：幹嘛找我？

記：您是我國有史以來，第一位偉大的史學家。「超時空人物訪談」，當然有您的一席之地。所以不論如何，即使「上窮碧落下黃泉」也必須找到您。

遷：我因爲著《史記》，把高祖劉邦寫得太窩囊，深恐當今皇上劉徹（即武帝，乃高祖曾孫），認爲我借古諷今，貶損當世，藉口我寫「謗書」而大興文字獄。

記：您嘛幫幫忙！現在是什麼時代了，還怕什麼文字獄。

遷：什麼時代不打緊。一旦您被貼上標籤，永不翻身。

記：現在是「中華民國在台灣」李登輝時代，您不但可以大放厥辭，而且還有稿費可拿的時代。

遷：眞是此一時彼一時也，不可同日而語。

記：怎麼說？

遷：我著《史記》五十二萬六千五百個字，不但沒有半毛錢稿費可拿，人們一會兒說我「爲文刺譏，非誼士也」；一會兒又說我的《史記》「貴黃老而薄五經；序貨殖，則輕仁義而羞貧窮；道游俠，則賤守節而貴俗功」。還幸災樂禍的說我受到極刑，也是咎由自取的。

記：所以我們才特地採訪閣下，讓您一吐二千年的鬱結。

遷：那麼我們從何談起呢？

記：讓我們先尋一段「根」吧！

世襲太史　究天人之學

遷：我的祖先世代爲史官，遠在周朝即任史官。

記：「史官」是做什麼的？

遷：各朝用來記敍重大活動事蹟的人，就叫史官。

記：這可是個家族世襲官職。

遷：爲了歷史的一脈相傳，史官通常都是世襲的；不過我家史官之職曾經中斷過，直到我父司馬談時，才又恢復史官的職位。

記：史官也像法官一樣，是終身職？

遷：我父任史官三十二年直到去世爲止；三年守喪期滿，我繼任史官。

記：這史官可有「職位分類」？

遷：當然有！有太史與少史之分；前者相當於現今國史館館長，後者當然是副館長。更有左史、右史之別。

記：爲什麼有左右之別，是否跟言論尺度有關？

遷：非也！左史記言，右史記事。

記：做爲一名史官，是否要有很高的學養？

遷：當然囉！以我父爲例：他學天官於唐都，學《易》於楊何，習道論於黃子；還要精通儒、道、墨、法、陰陽、名等六家要旨。

記：換句話說，他必須上通天文，下知地理，文、史、哲都要有相當修養，才能勝任愉快。

遷：做爲一個史官，還必須具備史識、史才與史德。

記：何謂史識？

遷：所謂史識也就是對史料的認識。史料是以文字爲主，但不以文字爲限。舉凡古蹟、遺物、遺老都要加以參觀、考證、訪問，由實物的印證、口頭傳述以補文字之不足。

記：何謂史才？

遷：史才即史裁。對於既得的史料，除了要鑑別眞僞之外，並決定取捨，然後加以剪裁、拼合、連綴。或小題大作，或大題小作。

記：那又何謂史德？

遷：史德就是忠於學術，忠於史實。

記：謝謝您告訴我這麼多有關史學的知識，不過我今天要訪問的是您閣下，還是談談您自己吧！

山西兩司馬　各別苗頭

遷：從何說起？

記：從您的籍貫出生地說起。

遷：我出生於黃河邊（左岸）的龍門。

記：那龍門屬於什麼縣？

遷：山西省河津縣。

記：爲什麼有人說您是陝西韓城（扶風夏陽）人？

遷：我的出生地雖屬於山西省河津縣，但過黃河十五華里就是陝西韓城市（左馮翊扶風夏陽），就像鶯歌鎮屬於台北縣，但卻緊貼著桃園市，離台北縣板橋反而較遠。

記：您的故鄉禹門口，也流行著「一國兩制」？

遷：您說什麼？我聽不懂！

記：禹門口的行政管轄上屬於山西省河津縣，但在交通、經濟（古代以水路爲主）以及人文聯繫上屬於陝西省韓城縣。由韓城南下有大路直達長安；但自侯西（侯馬至陝西）鐵路通車以後，現在到河津反而變得十分方便。

遷：對了！

記：晉南有個夏縣。

遷：離我家約二百里。

記：宋朝時出了個大歷史學家司馬光。

遷：難得有個同宗、同鄉、同好。

記：所謂「山西兩司馬」：一個著《史記》，上始軒轅皇帝，下訖武帝天漢年間，貫穿二千七百年；另一個著《資治通鑑》，上起戰國三家分晉，下終五代十國，凡一千三百六十二年。

遷：這麼說來，我們山西人在中國史學界，有著承先啟後，發揚光大的貢獻。

記：這上下近三千年的史料，您是怎麼處理的？

遷：我從「建立史體」與「突出實錄」兩個目標入手。

記：何謂建立史體？

《史記》體例　因人而述

遷：我把前後近三千年的史料分為五大單元：本紀十二篇，世家三十篇，列傳七十篇，表十，書八，總計一百三十篇。

記：何謂「本紀」？

遷：凡為天子立的傳叫「本紀」，計有五帝、夏、殷、周、秦、秦始

皇、項羽、高祖、呂太后、孝文、孝景、孝武等十二紀。

記：項羽並未統一天下稱帝，只爲時五年自立「西楚霸王」，爲何列爲本紀？

遷：我不以成敗論英雄，項王雖未稱帝，但發號施令，分裂天下：封王十八、封侯無數，是時劉邦正南困漢中、蟄居巴蜀；何況鴻門之宴，若非項王發婦人之仁；垓下之走，若非項王耍英雄之氣，天下仍然是項家的！列爲本紀有何不宜？

記：您對項王眞可說「愛之深，責之切；責之切，褒之實」。情有獨鍾；可是呂雉爲什麼也列入本紀？

遷：呂雉原爲沛公之妃，因爲肚皮爭氣生個長男劉盈，母因子貴進位爲后。她爲人堅忍、剛毅、誅韓信，佐高祖定天下，進而弄權政爭，殘酷而陰險。

記：她怎麼個弄權從事政爭，又怎麼個殘酷而陰險？

遷：高祖去世後，將高祖最喜愛的趙王母子殺害，演出「人彘」事件。

記：何謂「人彘」事件？

遷：爲了替兒子爭奪王位，她把高祖寵妃戚夫人斷手足、去眼、薰耳、灌食啞藥，然後丟進廁所。

記：最毒婦人心！天下竟有這麼惡毒的女人！

遷：不只此也，她的兒子惠帝即位後，由於體弱多病，處處被呂太后挾持，在位七年即抑鬱而死！

記：後來呢？

遷：她立了後宮美人所生的劉恭爲少帝，三年後幽殺少帝再立劉弘爲帝，呂太后藉機臨朝稱制，大殺劉氏諸王（劉如意、劉友、劉恢），封諸呂爲王、爲侯者達十餘人之多……。

記：換句話說，惠帝的天子是做假的，所以您沒給他立本紀；而呂太后除了挾惠帝，還殺少帝、制劉弘，比天子還要「天子」。

遷：所以我才給她立本紀。

記：多多少少帶點諷刺意味。

遷：您要這麼想，那是您的自由。

記：何謂「世家」？

遷：凡爲諸侯立的傳叫「世家」，亦即世世以其家爲國。

記：何謂「列傳」？

遷：凡爲人臣、大夫立的傳叫「列傳」。其事蹟足以傳世之謂。

記：那麼蕭何、張良與韓信，同爲漢初建國三傑，三人對漢帝國的貢獻不相上下。蕭、張終其一生也只封到酇侯、留侯而已，但您卻爲他二人作世家；相反的，韓信曾封齊王、楚王，其格局與氣勢，足與項王、漢王鼎足而立，而您卻只爲韓信列傳，有失史家忠於史實之嫌。

七十列傳　各具特色

遷：我立傳的原則在於傳主對後世的功與德，而不在於其力量之強弱、形勢之寡眾。

記：怎麼說？

遷：像大將軍韓信，當其盛時，諸侯逐鹿中原，以其智勇雙全的才能、實力足可稱霸稱王，自立爲帝，但他卻安於現實、棄而不爲，先投靠項王、再投靠漢王，最後才自立爲「假齊王」，儘管，武涉、蒯通等人，一再的分析時勢利害始終未敢獨當一面，坐失一統天下良機，實不足稱爲世家。反而等到天下一統，由於功高震主被徙楚王、降淮陰侯，這纔心有

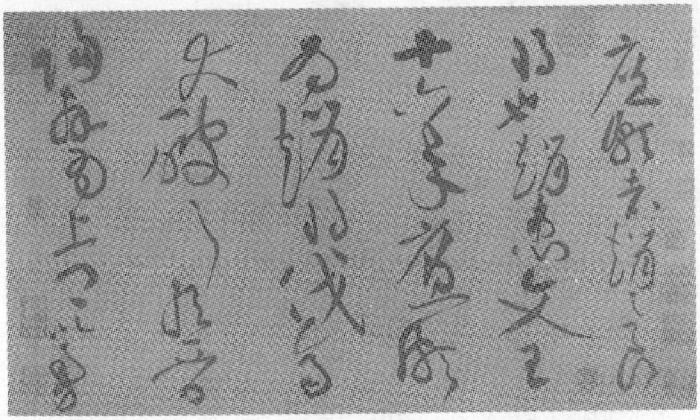

宋·黃庭堅書《史記·廉頗藺相如列傳》（部份）

不甘，企圖與小小的鉅鹿太守陳豨謀反，竟然不明大體，不全終始到了這個地步，所以只配列傳。

記：這麼說來，您對韓信是「恨鐵不成鋼」，未能進一步的有所作爲，稍作懲罰。

遷：所以降爲列傳。

記：那麼「傳」又可分爲幾種？

遷：列傳中又分專傳、合傳、類傳與附傳四種。

記：這其中有何分別？

遷：一人一傳的叫專傳，像蘇秦、張儀、李斯、蒙恬等都單一列傳；二人以上寫在一篇的是爲合傳或類傳。

記：何謂「合傳」？

遷：以人爲歸類的叫「合傳」。如〈管晏列傳〉（六十二卷），〈孫子吳起列傳〉（六十五卷），〈仲尼弟子列傳〉（六十七卷）。

記：又何謂「類傳」？

遷：凡以事爲歸類的叫「類傳」。如〈廉頗藺相如列傳〉。（八十一卷）以顯完璧歸趙事，並附傳李牧。如〈游俠列傳〉（一二四卷），〈滑稽列傳〉（一二六卷）等。

記：何謂附傳？

遷：〈蘇秦列傳〉（六十九卷）中，附列蘇代、蘇厲兄弟；〈李（廣）將軍列傳〉（一〇九卷）中，附傳其孫李陵。

記：我又有疑問。

遷：什麼問題？

記：像孟子、荀子，老子、韓非，屈原、賈誼等人，或爲學術界巨擘，或已成九流十家之言，大大的有名，爲什麼只給他們寫〈老子韓非列傳〉（六十三卷），〈孟子荀卿列傳〉（七十四卷），〈屈原賈生列傳〉（八十四卷）合傳呢？

遷：上述之人，學術上已成一家之言，自有其作品流傳後世，所以不必給他們列詳細的單傳。

記：哇！我知道了！像孟嘗君、平原君、信陵君、春申君（七十五卷至七十八卷），只見事功未有其著作流傳後世，所以才詳細爲他們立「單傳」。

遷：對了！

記：您這因「人」而立合傳，因「事」而立類傳，是經過愼重思考，可說煞費苦心的。

遷：不然怎麼可能成爲千古不朽之名著，傳諸後人。

記：您的文章氣勢雄偉，辯而不華，質而不俚，堪稱「六經之後，唯有此作」（鄭樵語）；歷代文家如：韓退之、柳宗元、歐陽修、歸有光等，無不師法於《史記》的筆調。

遷：余有榮焉！

讀萬卷書　行萬里路

記：我想請教的是，您小時候是如何讀書？如何鍛鍊文章？成爲「天下第一文章」。

遷：我出生於黃河以北，龍門之南，小時候在「背高山，面大河」之間放牧牛羊，盡收天地間靈氣。

記：什麼時候開始正式讀書？

遷：十歲時跟著伏勝先生讀書。

記：包括哪些教材？

遷：《今文尚書》，《左傳》，《國語·采本》等。

記：然後呢？

遷：十九歲到京師再跟孔安國學《古文尚書》、從董仲舒受《春秋》。

記：成年以後呢？

遷：二十歲時南遊長江、淮河流域，到會稽探禹穴，進而至鄱陽、洞庭兩湖地區，更北涉汶、泗，歷齊、魯之都，研究學問，講禮習儀，觀孔孟之遺風。

記：掐指一算，您在弱冠之時，即已從山西、陝西、河南、湖北、湖南、江西、浙江、江蘇、安徽到達山東，經歷中國十個精華省份。

遷：二十三歲任郎中成爲皇帝侍從，三十五歲奉使西征巴蜀，南略邛笮、昆明而還。

記：換句話說，這次您到過四川、西康、貴州、雲南各地。

遷：我三十八歲（西元前一〇八年）繼任為太史令，近水樓臺，進一步的閱讀國家收藏的圖書檔案、文獻史籍，並從事排比整理。

記：您名副其實的「讀萬卷書，行萬里路」。

遷：旅行、讀書、寫作是我這一生三大最愛。

記：最後想請教您一個問題，您讀萬卷書，行萬里路，最後花多少工夫，才完成了《史記》這部偉大的著作？

遷：任太史令即開始收集資料，正式執筆寫《史記》是在太初元年（西元前一〇四年），完成〈太初曆〉後，至太始四年（西元前九三年），前後總共十二年之久。如果連收集資料也算在內，總共達二十年之久。

記：是何種強烈動機與恆久的毅力，促使您以二十年的歲月，完成這部偉大的著作？

遷：一是秉承父志，身為史官，作

陝西韓城太史祠河山之陽門

史書乃家族使命感；我永遠不會忘記，家父臨終前握著我的手所說的遺囑：「余死，汝必爲太史；爲太史，無忘吾所欲論著矣！」

記：第二個動機呢？

遷：先人有言：「自周公卒五百歲而有孔子，孔子卒後至於今五百歲……。」

記：您以儒家道統自任，孔子刪《詩》、《書》，補《禮》、《樂》，正《易》，續《春秋》；所以您也要寫部偉大的著作，以續六經。

遷：小子不敏，何敢讓焉！

記：在寫作的過程有沒有碰到障礙？

遷：碰到「李陵事件」。

記：何謂李陵事件？

遷：天漢三年（西元前九八年）也就是我開始寫《史記》的第七年。都尉李陵在前一年率步兵五千人深入敵境，與匈奴單于大軍作戰，激戰十餘天，終因矢盡援絕被俘而降。在御前會議中，武帝大怒，決定給予李陵滿門抄斬，衆大臣不但沒有替李陵緩頰，反而落阱下石，奏派李陵的不是。

記：官場向來只有利害，沒有人情可言。

遷：其實這場戰爭該負全責的不是李陵，而是李廣利。

記：李廣利何許人也？

遷：他是皇上寵妃之兄，武帝爲了讓李廣利拜印封侯以博取李妃之歡，封李廣利爲貳師將軍。

記：貳師有多大？

遷：貳師是大宛國一個地名，盛產汗血馬。

記：什麼叫汗血馬？

遷：是一種千里名馬，汗出如血色。

記：封貳師將軍意在必得？

遷：對了！

記：結果呢？

遷：爲了幾十匹汗血馬，前後二次征大宛，三次征匈奴，兵連禍結，動員人馬數十萬，弄得天下騷動，人民流離失所。

記：武帝眞是好大喜功！

遷：當武帝問到我時，其實我跟李陵只是點頭之交，而非生死之友。我力言李陵在家是孝子，在營是愛兵的好將軍，向有國士之風，他陷敵不死，想必有更大的作爲，希望給他一個機會，以觀後效。

記：您這番古道熱腸，才見人情。

遷：哪曉得武帝惱羞成怒，以爲弦外之音，我在諷刺武帝的寵臣貳師將軍李廣利。

記：結果呢？

遷：連我也一起處死刑。

遷：您没有被「斬立決」！

遷：按規定坐監三年，若能籌足贖款五十萬的五銖錢（約合黃金五斤），即可減死一等。

記：您的親戚朋友趕快替您籌錢？

遷：我自己没錢不說，我連個相生相死的戚友都没有。

記：那怎麼辦？

遷：我上書聖上自請腐刑。

記：何謂腐刑？

遷：腐刑又叫宮刑，意即閹割爲太監，亦叫去勢。

記：說眞的，那「話兒」沒了，當然是大勢已去了，想不到您竟然這麼怕死，怕死到寧願讓人割去生殖器，苟活人間。

遷：「行莫醜於辱先，詬莫大於宮刑」，這是生爲一個大丈夫的奇恥大辱。

記：本來嘛！「身體髮膚，受之父母，不敢毀傷，孝之始也」。接受宮刑是人間至不孝，等於是判了祖宗的死刑。

遷：怎麼說？

記：「祖」字據國學大師郭沫若的考證，左邊從示，乃拜拜祭祀也……。

遷：右邊呢？

記：「且」象徵男性生殖器。

遷：我也是不得已的啊！

記：怎麼說？

遷：夫孝雖始於事親，中於事君，終於立身；若能揚名於後世，以顯父母，方是大孝。

記：若能因此進一步續天下之文史於永世，那更是忠於君、忠於國、忠於整個民族。

遷：我終於忍辱含垢的完成了曠世名作——《史記》。

記：換句話說，您坐監三年固然努力地寫，被宮刑以後更奮力地寫。

遷：當然囉！

記：是否飽蘸了憤怒、仇恨的墨水，寫劉邦、呂后；而對高祖的對手像項羽、韓信等人，在命字遣詞行文之間，多少寄予同情、讚揚。

遷：……。

——99′・3刊於《國文天地》一六六期——

不爲五斗米折腰　且學五柳樹飄搖

～陶淵明訪問記～

「晉太元中，武陵人捕魚爲業，緣溪行，忘路之遠近，忽逢桃花林。夾岸數百步，中無雜樹，芳草鮮美，落英繽紛……土地平曠，屋舍儼然，有良田、美池、桑、竹之屬；阡陌交通，雞犬相聞……黃髮垂髫，並怡然自樂……」當我們正陶醉於〈桃花源記〉的良辰美景時，韓愈的一首〈桃源圖〉：「神仙有無何渺茫，桃源之說誠荒唐……世俗寧知僞與眞，至今傳者武陵人。」一下子把我們世外桃源的仙境，化爲烏有。失望之餘，讓我們一訪陶潛淵明先生，請他爲我們說個明白，他是否開了我們一個千古大玩笑。

系出名門　澹泊名利

記：哈囉！密斯特陶，謝謝您終於破例接受我們的訪問。

陶：我最怕記者了。依我的個性，絕對不會拋頭露面，輕易地接受媒體的訪問。

記：最後您爲何回心轉意了呢？

陶：聽說我是貴刊讀者「最受歡迎的詩人」。

記：是的！是的！首先向您請教的是，我該怎麼稱呼您？您幹過祭酒、主簿、參軍、縣令等一大堆的官；加上一連串的名、又名，字，號、自號、外號等，詩人、作家、酒仙……眞不知如何稱呼您呢！

陶：我姓陶名淵明，字元亮，潯陽柴桑（江西九江）人。

記：深淵處的光明，意即非常明亮，字副其名，合乎「同訓」。

陶：晉恭帝元熙二年（西元四二〇年）禪位於宋王劉裕。

記：意即晉亡而以劉宋代之。

陶：那年我五十六歲，頗有改朝、換代、亡國之痛，乃改名爲潛。

記：表示您從此潛德幽光，遺世獨立；那您爲何又自號「五柳先生」？

陶：我寫過一篇〈五柳先生傳〉自況，由於宅邊種有五棵柳樹，所以自號「五柳先生」。

記：您爲何特別喜愛柳樹，並自比五柳先生？柳樹每逢春初發葉，開出黃綠色的小花。論花，並不美豔；論葉，狹長細絲並不壯觀雄偉。

陶：柳枝弱而下垂，傍水而生，應風而舞，近觀有如柳腰擺動；遠望一片，煞是壯觀，是謂柳浪；至於柳花嘛！鵝黃色，上附白色絨毛，隨風飛落，有如飄絮，名爲柳絮；還有「柳車」代表喪車（《史記·季布傳》：「置廣柳車中。」）

記：您對柳樹的觀察，可眞獨到。您用柳樹襯托您的一生；隨遇而安，不戚戚於貧賤，不汲汲於富貴，一種無可奈何的傷感。

陶：您知道我曾祖父陶侃士行先生？

記：就是那個無聊得每天早上把一百塊磚頭搬到屋外前庭，晚上又把這一百塊磚頭搬回屋內的廣州刺史。

陶：您以爲身爲刺史，眞的整天無所事事？

記：不然就是藉機鍛鍊身體？那又何苦！古人雖有「苦其心志，勞其筋骨，餓其體膚，空乏其身」的明訓，但又何必自我作賤到這種程度。他大可以來個「全省三百零九個鄉鎮走透透」活動，寓旅遊於視察、外帶感恩、謝票……摸蛤仔兼洗褲，不但可以往下紮根，還可以往上結果，眞是

一舉二得。

陶：先曾祖爲東晉寧輔名將，官至持節使。先後任職侍中、太尉、總綰：荊、江、雍、梁、交、廣、益、寧八州軍事大司馬，兼領荊、江二州刺史，任鎭西將軍，封長沙公……。

記：可謂位極職重，權傾一方。譽之所在，謗必隨至。

陶：爲丞相王敦所忌。

記：難怪他每天搬運磚頭，蒐集竹頭木屑。

陶：好讓王敦放心，以爲我曾祖是個連竹頭木屑都要的「小兒科」人物。

記：高桿！高桿！這種「政治藝術」絕對不是我們後生晚輩所可瞭解的。

陶：政治藝處理不好，小則身敗名裂，大則國破家亡，不可不愼。

記：我讀過您的〈命子〉，您祖父做過武昌太守。

陶：我的遠祖是陶唐帝堯；漢朝陶舍因平亂而封侯，景帝時陶青還當過丞相……。

記：您陶氏一支，在歷史上也算是顯赫之家。

陶：可是到我父親時，家世衰敗得連名號都沒有留下。

任公職、投軍旅 兩不相宜

記：爲什麼您們家道衰微得這麼快？

陶：晉愍帝四年（西元三一六年）匈奴人劉氏陷長安，愍帝出降西晉遂亡。

記：這時候琅邪王司馬睿即位於江左建業（即今南京），中原貴族百姓，紛紛南渡，是爲東晉。

陶：南渡之初，全靠我曾祖陶侃定豫州，平荊、廣之亂，可說是東晉的開國元勳。

記：換句話說，令曾祖全以武功戰果博得高位，等令曾祖去世後，家道中落自然抵不住南遷的王、謝望族，潁川庾氏、譙國桓氏。

陶：東晉開國，軍事掛帥，局面穩定後，則政治經濟掛帥。

記：代有賢才，各領風騷，不在話下。

陶：家裡窮得冬無緼褐（棉、毛），夏渴瓢簞（白水、粗飯）；即使冬天臘月，還穿著單薄的麻布衣服（絺綌冬陳）。

記：所以，您極思奮力一博，重振家風，光耀門楣一番。

陶：太元十八年（西元三九三年），二十八歲，我經人推薦擔任江州祭酒（教育局局長）。

記：您可以大大的發揮一番，按照您的理想去實現。

陶：幹没幾個月就辭職回家了。

記：爲什麼？

陶：實在受不了，可用「不堪吏職」四字來形容。

記：怎麼會？

陶：這公務員眞不是人幹的。您說没事，每天都得打卡上班，打卡下班，三考三卡，應付上級視察，不勝其煩；您說有事！啥事都没有，無非看報、喝茶、閒聊、打屁。

記：連例行公事都没有？

陶：例行公事，等因奉此，只消花四十分鐘，就可以做完了；而且只要有初中程度，字跡工整都可勝任愉快，哪用得著高考、特考，碩士、博士，簡直是蹧蹋人嘛！我寧可回家挨餓，也不幹這消磨人志氣的公務人員。

記：您回到家不事生產，豈不又要餓肚皮了？

陶：親友們看我寧可在家也不做事，以爲祭酒的位置太小，又把江州主簿（主任秘書）的位置，讓出來給我。

記：您還是寧願做個瀟灑的「自願失業人」。

陶：直到安帝隆安二年（西元三九八年）家貧親老，實在不得已，再到桓玄處任官，心想這下死皮賴臉也要幹到退休，才對得起家人。

記：結果呢？

陶：因母親去世，藉丁憂居喪，申請留職停薪三年在家。

記：守喪三年後，您回任了？

陶：没有！我又試著去做官。

記：您還是想一展抱負？

陶：也許我身上流傳著我曾祖父大司馬的血液。且看〈擬古〉：「少年壯且厲，撫劍獨行游。」還有〈雜詩〉：「憶我少壯時，無樂自欣豫，猛志逸四海，騫翮思遠翥。」

記：意氣奮發，慷慨激昂兼而有之。結果呢？

陶：元興三年（西元四〇四年）投劉裕當鎮軍參軍，第二年三月又投

劉敬宣任參軍，不到半年又辭職。

記：後來呢？

任縣令無所事事

陶：後來我叔叔又荐舉我去當彭澤縣縣令。

記：彭澤在哪兒？

陶：濱長江，與九江隔鄱陽湖相望，距離一百里。

記：您還嫌離家太遠不想去？

陶：本來是不想去的。後來一看有公田三頃，種稻獲利，足以挹注薪俸才去的。

明·張鵬所繪《淵明醉歸圖軸》

記：那三頃地準備種什麼？種檳榔？還是種山葵？想當然是種植經濟價值較高的。

陶：我下令全種糯米。

記：種糯米幹嗎？

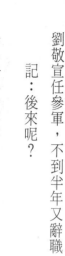

陶：好釀酒啊！

記：那您不用吃飯了？

陶：我可以三天不吃飯，但卻不能一頓沒有酒喝。

記：那您家人怎麼辦？您好自私哦！

陶：我太太一再的哀求，最後決定二頃五十畝種糯米，剩下的五十畝種在來米。

記：縣令是父母官，天高皇帝遠沒人管，應該幹得勝任而愉快才對。

陶：還是不怎麼愉快。

記：爲什麼？

陶：每天要扳起臉孔，見一些不想見的人；聽一些不想聽的話；說一些不願說的話；開一些不願開的會……千言萬語一句話——「官」不聊生。

記：那怎麼辦？

陶：看在三頃稻作的收穫上，姑且忍之，還有彭澤人看我這個九江人，有點空降部隊、「外來政權」的感覺。

記：那您怎麼辦？

陶：我發明一個「新鄱陽湖人」來化解它。

記：能這樣，湖西九江人與湖東彭澤人，在「新鄱陽人」的口號下，融爲一體了。

陶：可是這彭澤令我也只幹了八十一天就辭職了。

記：爲什麼？

陶：到了年終考核時，郡裡派了個督察（督郵）來評鑑，秘書告訴我要穿戴整齊到縣界去恭迎他。我一聽不由得七竅生煙，他又不是我爸爸，我爲什麼要去迎接他。

記：您若不去接他，那您的年終考核就完了。彭澤縣是頭等縣。年終考成不好，來年就會上山下海——不是台東縣就是澎湖縣。

陶：所以我只有辭職不幹了。

記：臨了您還寫了一篇〈歸去來辭並序〉，自我阿Q一番。

陶：你怎麼知道的？

記：您這篇〈歸去來辭〉已成千古絕唱。歐陽修曾說：「晉無文章，惟陶淵明〈歸去來辭〉一篇而已。」

陶：想不到我這一生到處碰壁，走投無路，一篇辭職書——〈歸去來辭並序〉，卻使我名垂千古，實在是想不到的事。

記：其實您「非不能也，是不爲也！」一切都您自找的。

陶：怎麼說？

記：當年您追隨劉裕、劉牢之、劉敬宣等人，您若能發揮「團隊精神」，定然大有可爲，您卻不能把握，一再的lose大好機會，還抱怨「世與我而相違」。

陶：那從政爲吏呢？

記：縣長是人民的公僕，而您卻不願低聲下氣把督郵當「頭家」看，而說「富貴非吾願」。

陶淵明歸去來館石刻

種地、育子、俱無成果

陶：最後終老鄉間，回家種田總可以吧！

記：看您「晨興理荒穢，帶月荷鋤歸」，夜以繼日的「種豆南山下」，其結果還是「草盛豆苗稀……道狹草木長」（〈歸園田居〉）。

陶：我眞的很「歹命」，連老天都不幫忙，奈何！奈何！

記：您有五個兒子，對罷！

陶：是啊！他們好可愛，是我的命根子。

記：可是您也沒有把他們教好。

陶：「白髮被兩鬢，肌膚不復實，雖有五男兒，總不好紙筆。」沒什麼啊！他們只是比較不喜歡讀書而已！

記：您的大兒子呢？

陶：阿舒已二八，懶惰故無匹。

記：十六歲每天睡到日上三竿，早餐、午飯一齊吃。您的二兒子呢？

陶：阿宣行志學，而不愛文術。

記：虛歲十五，整天看《櫻桃小丸子》、《蠟筆小新》、《灌籃高手》，從來不摸書本，連家庭聯絡簿都不見了。還有您那對雙胞胎兒子呢？

陶：雍、端年十三，不識六與七。

記：他們的數學鐵定死當！永當！您那小兒子阿通，應該乖巧順心一點罷。

陶：通子垂九齡，但覓梨與栗。

記：能吃水果至少還不會吃壞身體，萬一他光吃牛奶糖、巧克力、果凍的話，您還得送他去減肥班呢！

陶：天運苟如此，且進杯中物。

記：您做這也不成，做那也不成，養孩子也不成材，到底什麼工作，才是您最想做，最能做的？

陶：樹林酒廠品酒部主任。

記：您寫個履歷表，哪天有機會替您投寄一下，這才是您「各盡所能，各取所需」的好差事。

陶：萬事拜託，一切全看您的了。

記：By the way，您那篇〈桃花源詩并記〉是在什麼情況下完成

的。眞的有桃花源這麼個地方？我不相信。

陶：我這一生最遺憾的是不會畫畫，又沒有柯尼卡（Konica）好拍照，只好用文字白描寫下一幅烏托邦（Utopia）的風景畫，至於您們要怎麼「解讀」，那是各人歡喜甘願的事。

記：我看您不只是個詩人、文學家；您還是個政治家、社會學家！

陶：……。

——99′·4刊於《國文天地》一六七期——

——99′·10轉載於《乾坤詩刊》一二期——

而視茫茫 而髮蒼蒼

～韓愈訪問記～

時序進入陽春三月，大學推薦甄試，碩博士入學考試首先登場；接著就是六、七月的畢業考與期末考，以及各級學校的入學考；八月份的高普考；九月份還有各種特考與就業考。「拷、烤、熇……」總有些學子，受不了一連串的煎熬，或跳樓、或上吊，「金榜尚未提名，菩薩仍須保佑」閻王殿前憑添幾許冤魂。現在讓我們一訪考場老將韓昌黎先生。他從七歲「日記數千百言」，立志苦讀到「寢食未嘗去書，怠以爲枕」的地步。「十年寒窗無人問」，經十三年的努力到二十歲，第一次應考進士（相當於現今考選部舉辦的高考），未獲錄取。連考了四次，至二十五歲，方取得進士；接著又三度應考吏部博學宏詞試（相當於現今的就業特考）。直到二十七歲，還是沒錄取；接著「三上宰相書」搶天呼地

的訴說考試制度的不公，希望藉由宰相的薦舉，經由「甲等特考」漂白，達到任官的目的，結果還是沒有下文。不得已，在二十九歲那年，接受董晉的推甄，出任「汴州觀察推官」——是藩鎮的虛銜，相當於現今偏遠地區「代理、代課教員」樣的「黑官」。

由於「先天不足，後天失調」，他「年未四十而視茫茫，而髮蒼蒼，而齒牙動搖……」。他三十三歲得老花眼，只見眼前一片「霧煞煞」，看書十分吃力，覺「甚無聊」；三十五歲得腹疾（下痢病），瀉到「目視昏花」的地步，從此慎飲食、少思慮；此時兩鬢半白，天頂雲開見日，成了個小老頭兒；三十六歲得牙周病：「去年落一牙，今年落一齒，俄然落六、七，落勢殊未已，餘存皆動搖」。二年內掉了七、八顆牙；三十八歲得過敏性鼻炎，四十八歲得過瘧疾，上吐下瀉弄得身體衰憊不堪，五十七歲得骨質疏鬆症，「足弱不能步」，進出都要以輪椅代步，在床上躺了七個月便死了。他的姪子十二郎韓老成，更誇張，在二十七歲得軟腳病便死了。

名諱、里籍與家世

記：嗨！可敬的昌黎先生，好不容易找到您，請接受本刊的專題訪問。

愈：人海茫茫，您怎麼知道我就是韓愈，您確定不會認錯人吧！

記：我出訪時，老編特別交代，只要看到一個年未四十，戴著像啤酒瓶底般厚的眼鏡，兩鬢全白，頭花白，還有二、三根白鬍鬚的，加上齒牙稀疏，掉了七、八顆，就憑這四個特徵，十不離八九了。

愈：高桿！高桿！您們老編不愧是個具有新聞眼的記者，而且還是一個具有情報鼻子的安全人員。

記：首先請教您的名號。

愈：我姓韓，名愈，字退之。

記：這「愈」與「退之」之間，可有典故或關聯。

愈：愈的本意是超越，所以命字時，必須「退之」一下。

記：可見閣下深受儒家文化「中庸之德」的影響。那爲什有人稱您「韓吏部」或「韓侍郎」？

愈：我五十七歲去世時，當時的官銜是「吏部侍郎」。

記：相當於現今銓敘部次長。

愈：是的！

記：爲何又有人稱您「韓文公」的？

愈：我死後，朝廷給諡號叫「文」，故尊爲韓文公。

記：那什麼時候又被稱爲「韓昌黎」？

愈：宋神宗朝，追封我爲昌黎伯。

記：談談您的籍貫如何？

愈：我乃河南、河陽、孟州人，即今河南省孟縣人。

記：河南省孟縣古稱孟州，這我知道，那河陽又是什麼？

愈：黃河橫貫河南省北部，河以北部分稱河陽；像長江以南就稱江陰……。

記：噢！我知道了！同理，山南就稱山陰。

愈：不錯！不錯！舉一反三，您很聰明。

記：怎麼又有人說您是河內人？

愈：在漢朝時，河南省黃河以北的地區，置河內郡，今武涉縣、廣武縣、陽武縣、沁陽縣、孟縣等都在其涵蓋範圍內。

記：噢！這河內不在越南國！那爲什麼又有人說您是南陽人，豈不跟諸葛亮又扯上關係？

愈：諸葛氏躬耕於南陽，那是河南省南部的南陽。我的故鄉在春秋時代屬晉國，因在山（太行）之南，河（黃）之北（陽），故名南陽。

記：爲什麼又有人說昌黎人？您不也常自署「昌黎韓愈」。

愈：韓氏乃周文王後裔。武王克商得有天下，封其公叔虞於韓地（今陝西馮翔韓城縣），至韓騫時，避王莽亂，一支遷孟州南陽縣，一支遷河北省昌黎棘城。

記：當時昌黎這一支人丁極旺、人材較盛，所以您就自稱「昌黎韓愈」了。

愈：對！對！

記：在「劉悉出彭城，李悉出隴西」，「西瓜偎大邊」的情形下，就冒充到底。

愈：反正系出同祖，也不必這麼嚴格細分。

記：我看不見得吧！由於您的夫人系出范陽盧氏；您的嫂子韓會夫人

系出滎陽鄭氏；同時女壻李漢，姪壻李翺，均爲唐代五大名宗望姓。

愈：當然我必須強調昌黎韓氏，比較「撐透」一點。

孤苦艱辛青少年

記：聽說您有一個孤苦艱辛的青少年時期，怎麼個苦法？

愈：我生下二個月就死了母親，三歲又死了父親。

記：父母雙亡，眞可說孤苦無依，是在孤兒院長大的嗎？

愈：由乳母李氏，依兄嫂爲生，十三歲時家兄韓會又去世。只好跟著嫂嫂回故鄉。

記：難怪您跟姪兒韓老成（十二郎）感情這麼好。

愈：我們在輩分上是叔姪，其實像兄弟樣的過苦日子，兩人也只相差九歲而已。

記：您這苦日子熬了多久？

愈：我從出生到十八歲依人籬下，或因窮困、或因戰亂，固然生活很艱苦；十九歲至二十八歲，八、九年之間在京師長安，前後參加禮部四次考試中進士，接著三次參加吏部的任官考，卻是名落孫山。

記：難不成普天下的特考都必須走後門？

愈：我不知道，反正我也籌不出這一百到一百五十萬元的黑錢。

記：您不也到處去喊冤、陳情嗎？

愈：衙門八字開，没錢莫進門……。

記：這還像話嗎？連陳情、抗議還需送錢？

愈：「天下没有白吃的午餐」，難道您忘了。

記：這眞是世紀名言。

愈：二十九歲那年，好不容易受到董晉的辟舉，出任汴京觀察推官（相當於掌刑獄的審判官），才有一份固定的收入，維持家計。

記：想從此過著快樂的日子。

愈：才幹了三年董晉便死了。

記：您失業了。

愈：我後來投靠武寧節度使張建封，任徐州節度推官。

記：這回幹了多久？

愈：才一年，這節度使推官眞不是人幹的，由於不是朝廷命官，没有優厚的定俸，也没有公務員保障法，處處得看藩鎮首長的臉色。

記：聽說這推官的職位，有如雞肋般，食之無味，棄之可惜。

愈：有詩爲證：「胡爲在京師……倏忽十六年，終朝苦寒飢，宦途竟寥落，鬢髮坐差池，穎水清且寂，箕山坦而夷，如今便當去……。」

記：那時您眞想效法許由隱居箕山，洗耳穎水嗎？

愈：可惜我没有許由那麼有本錢。

記：那您只好忍耐，相信時間會戰勝一切。

愈：說的也是！三十四歲那年冬天，終於被任命國子監四門博士的職位。

記：相當於大學教授的地位，是個「錢多，事少，責輕，離家近」的工作。

正直不阿任監委

愈：可以這麼說，而且第二年就改任監察御史。

記：相當於現今監察委員的職位。

愈：而且是皇帝欽命的。

記：那您就畫畫中、西畫，寫寫毛筆字，搞個攝影展……拿政務官的

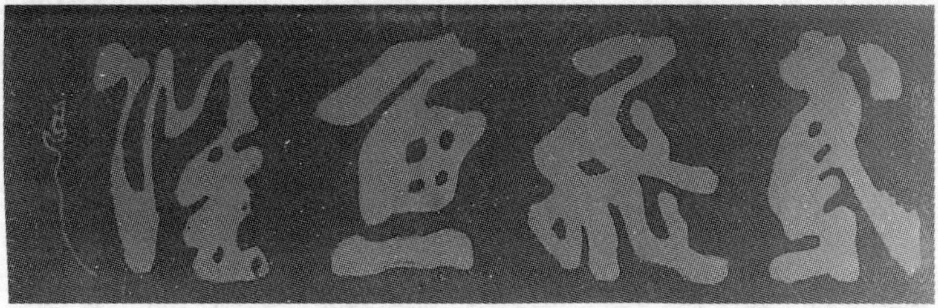

韓愈書「鳶飛魚躍」

薪水，做做修心養性的藝術活動，行有餘力，三不五時，在報上寫寫「替李教主摩西說句公道話」（剛好皇帝也姓李），既不得罪任何人，還可以獲得皇上的「關愛眼神」。

愈：您可別亂窩囊人！我可是「戇而狂，無挾自恃，有舌如刀……」。

記：怎麼個有舌如刀法？

愈：先後發表〈上疏極論宮市〉之弊及〈關中天旱人飢請緩征〉。

記：什麼叫論宮市？

愈：德宗時代……。

記：唐德宗李适在位二十五年，記憶中是個勵精圖治的皇帝，他詔罷四方貢獻，禁奏祥瑞，縱禽獸、出宮女，唐朝歷安史之亂，雖日趨衰微；不可否認的，德宗時自有一番中興氣象。

愈：話是不錯，可是人到老了，戒之在得，特別喜

歡聚斂，開始昏庸無道。

記：這也難怪，一個再正常的男人，二十五年間，深居宮幃，每天面對著三千宮女與二萬餘名太監，除了與后、妃、嬪、嬙等宮女搞搞性交易外，就是與太監搞搞同性戀、性遊戲，以便打發那無聊的有生之涯。

愈：皇帝竟然聽從太監的主意，搞起「宮市」來了。

記：什麼叫做宮市？

愈：就是在宮中搞起市肆來了。

記：其實搞宮市並非德宗始作俑者。齊桓公時代就有宮中七市，以後東漢靈帝，南齊東昏侯，唐中宗時也都設過宮市，不過大多是一些昏君或末代皇帝而已。

愈：不過李适時代的宮市可不同，在貞元末年，宦官派了幾百個「白望」（即採辦太監），到市場看到任何好東西都要，說是宮市用的，常常用十塊錢買人家百塊、千塊錢的東西，有的甚至不給錢，還叫對方付運費和「門戶錢」，以致人民敢怒不敢言。

記：您老先生看不慣，上疏論宮市的弊端。

愈：我毫不客氣的指出這是巧取豪奪、欺行霸市。

記：您佬眞是多管閒事，愛觸皇上的霉頭。

愈：我身爲監察御史，責無旁貸。

記：那您也稍微客氣一點，頂多像現在的某些官員一樣，放放「朝天砲」，說說「很痛心，看不慣」，「有人必須負責」的應景話也就算了。

愈：哪有這樣的監察委員？

記：如果眞個閒得無聊，活得不耐煩，可以憑關係到大學兼兼課，再不然就參加院內的書法社、攝影社、國畫社……等，三不五時到國父紀念館或中正紀念堂開個個展或聯展（作品實在少的話），誰敢不捧場？名利雙收之餘，又頂個「××家」的頭銜在名片上，足可光宗耀祖八代以上。

愈：您怎麼不早教我呢？德宗被我糾（舉）彈（劾）得勃然大怒，貶我爲陽山縣令。

記：您們那時候的監委可以糾彈皇帝？現在的監委不能糾彈總統、副總統。

愈：那要監察院幹什麼？

記：民主時代「聾子的耳朵」——裝飾用的。管他的，有薪水領就可以了。

愈：禍不單行的是那年十二月我還爲了一篇〈天旱人饑請寬關中民徭而免田租〉，因而開罪了京兆尹李實等一夥人。他們群起而攻之，對我落阱下石，企圖把我鬥臭、鬥倒、鬥爛。

記：您就這樣被鬥得永無翻身的地步。

愈：當然我也不甘示弱，寫了一篇〈原鬼〉譏刺他們。

記：您佬也相信鬼。

愈：我把世間的萬物分爲四大類：有形有聲的是人、獸；有形無聲的是土、石；有聲無形的是風、霆；無聲無形的是鬼、神。其中造福人群的是神，爲禍人民的是鬼。

記：眾怒難犯，這下死定了，您不用想回京師了。

愈：貶陽山、貶郴州、貶江陵；連續三貶，看樣子非置我於死地不可。痢疾、瘧疾、鼻炎、牙周病、飛蚊症，全在那時候得的，我差一點死在南方瘴癘之鄉。

記：後來呢！

愈：德宗翹毛了，太子誦繼立，是爲順宗，大赦天下。

記：您得以回京。

三餐不繼國子監

愈：召拜權知國子博士。

記：相當於現今國立大學助理教授，比上次的四門博士「正教授」還小，降等了？

愈：是的！五品官而已，地位清高則有餘，論待遇則不足。

記：只夠溫飽嗎？

愈：每天魩仔魚煮莧菜，配薄粥。

記：魩仔魚煮莧菜，配「蕃藷糜」。那是現今觀光飯店的「高檔」消夜，每客新台幣二百五誒！

愈：如果每天三餐當主食，嘴巴都淡得出鳥來了。

記：窮困到什麼程度？

愈：正所謂：「三年國子師，腸肚習藜莧……男寒澀詩書，妻瘦賸腰襻。」

記：這是最佳瘦身術，尊夫人可不必花大錢去上「菲夢絲」、「最佳女主角」的「修」身課。豈不「摸蛤仔兼洗褲」一兼二顧。

愈：您說得倒輕鬆，那種薄粥不裹腹的日子，豈足爲外人道哉。

記：當教授的物質生活固然苦一點，但精神生活一定很愉快的，正如孟子所說：「得天下英才而育之，一樂也！」

愈：這您就不知道了。這國子學是何？您知道嗎？

記：您不是說相當於現今國立大學？

愈：您可知道學生怎麼來的？

記：想必是經過大學聯招考進來的第一流學生。

愈：唐代國子學生三百人，全是公卿大夫子弟，讀的是「建國研究班」，「部長候選班」……。

記：這麼說，這些學生比老師還大「尾」！

愈：當然啦！您得好好侍候著，否則老師吃不了兜著走！

記：眞有這種事？

愈：他們好吃懶做，架子大，還譏笑「學歷無用論」。

記：那他們的父兄爲什麼還讓他們來就讀？

愈：混個學歷文憑，好參加甲等特考，漂白做大官。

記：原來這種伎倆古已有之……。

愈：祇不過於今爲烈而已。

記：他們如何譏笑「學歷無用論」？

愈：他們笑我這個經過三十七年努力奮鬥，不停的吟誦六藝之文，披閱百家之言，好不容易混上個權知國子博士教席，結果所付出的與所收入的不成比例。

記：怎麼個不成比例法？

愈：三十多年的努力，得來的卻是「冬煖而兒號寒，年豐而妻啼饑」。弄得自己白髮禿頭、老花眼、牙周病，就算讀到死去活來，也沒什麼用，自己不反省回頭，還要逼他們讀書。

記：那您不生氣？

愈：當然生氣！有天清晨，我把三百個國子生召集在太學的川堂下，進行精神訓話。

記：那就是您有名的〈進學解〉。

愈：我教訓他們青春不要留白，要努力求學，因爲「業精於勤，荒於嬉；行成於思，毀於隨」。不可眼光短淺只看目前，不顧將來。

記：結果怎樣？

愈：言者諄諄，聽者藐藐，學生都從右耳聽進，再從左耳消失；一陣嘻笑！

記：那您豈不十分失望！

愈：豈只失望，簡直是傷心，想當年我那麼困苦力學，而這些太學生有好環境而不努力，實在可惜。

記：在記憶中有沒有比較努力用功的？

愈：有啊！像李翊、侯喜、張弦、沈杞等十人，先後考取進士做官。

記：您們同門師兄弟，有沒有常常聚會？

愈：每個月都有「聯誼會」，久而久之，形成了「韓門弟子」集團？

記：「國王的人馬」看不慣，有沒有批鬥您。

愈：當然有，只好收斂一點。

記：您從小窮困出身，當了國子博士還是衣不蔽體，食不果腹，召開「韓門進士聯誼會」又為當道不滿，您這個人這輩子也夠「衰」了。

無可奈何送窮鬼

愈：所以，我在四十四歲那年寫了篇〈送窮文〉，消遣消遣我那倒霉的命運之神！

記：這「窮」也能送？送給誰？鐵定是個不受歡迎的人物。

愈：傳說上古時候高辛氏有個兒子，他不喜歡穿漂亮衣服，也不愛吃美味食物，宮中人稱他爲「窮子」。

記：後來呢？這個「窮子」是死了，還是長生不老？

愈：「窮子」死在某年正月月末的一天。

記：噢！他的忌日叫「晦日」。

愈：後人的習慣，便在這一天把稀飯和破衣服陳列在門口祭祀他，叫做「送窮」。

記：像是眞有這回事似的。

愈：這「窮子」雖然死了五、六千年，但他陰魂不散，常常死乞扒拉的纏人。

記：您佬兒被纏上了。

愈：我在元和六年（西元八一一年）正月乙丑晦日，叫辦公室的工友「結柳爲車，縛草爲船」載著餿粥與破衣服，趁著良辰吉日，送他上道。

記：您到底有多少窮鬼，需要您備車載糧的，大事鋪張？

愈：一共有五個窮鬼，「任重道遠」希望他們走得越遠越好。

記：是哪五個窮鬼？

愈：第一個叫智窮。他性格剛強，高尚正派；討厭滑頭，喜歡正直，以奸邪欺詐爲可恥，不忍害人、鬥人。不願踩在他人身上往上爬。

記：其次呢？

愈：次一個叫學窮。不喜歡研究命理、九宮、股票、期貨之學；專研諸子、百家、文史、哲學，不合時代潮流，找不到開課的大學。

記：第三呢？

愈：文窮。不寫武俠、科幻小說，不編X檔案、P島啟示錄、B色蜘蛛網，永遠賣不了錢。

記：第四窮？

愈：不專心於一技之長，只是自我陶醉在書本中，做個書呆子，這叫「命窮」。

記：那最後一個呢？

愈：叫「交窮」。我忠心的對待朋友，盡說老實說；還期待著友情的回饋。

記：結果呢？

愈：族親鮮少，無攀聯之勢於今，無相生相死之友於朝；一個一個離我而去。

記：本來嘛！朋友就是個吹牛對象而已，誰教您這麼認眞。

愈：我哪曉得朋友原來只是個屁！

記：不過您學識高出衆人，文章雖不合時宜，做事卻也認眞，不圖私利，個性直率常得罪人，雖常遭貶斥，卻還直道而行，就算五鬼趕不走，您還是流芳百世，長享盛名的。

苦盡甘來享晚福

愈：還好了！才子蘇東坡讚我「文起八代之衰，道濟天下之溺」。也差堪告慰了。

記：在文學史上，您的詩杜（甫）韓並稱；您的文更是韓歐（陽修）等量。很少有人像您這樣歷久不衰的！對了，By the way，您這輩子最得意的是哪件事情？

愈：我五十歲那年淮西節度使吳元濟稱兵作亂，擄掠四方，燒舞陽，

犯葉、襄等城，東都洛陽爲之震動。丞相裴度自請出征，我奉派爲「行軍司馬」隨軍東征，歷七十餘日，平定蔡州，生擒元濟。

記：您是禿子伴著月亮走，跟著沾光，升了刑部侍郎，得到不少獎金。

愈：尤其寫了〈平淮西碑〉後，名噪一時。

許：許多人請您寫墓誌銘、行狀、祭文、碑文等，狠狠的賺了一大票潤筆費。有了錢後，投資顧問公司，有沒有人給您做理財建議？

蘇軾書〈潮州韓文公廟碑〉殘片

愈：有啊！我在長安靖安里，購置一所巨宅山莊，另外也在城南購置別墅一所。

記：是否叫鴻禧山莊？

愈：叫「韓莊」。

記：從此您過著實至名歸，優游自在的生活。

愈：哪裡。俗話說：「禍不單行，福無雙至。」

記：怎麼？吃不得三天太平飯，思前想後，說東道西的毛病又犯了？

愈：正是！

記：什麼事？

愈：元和十四年（西元八一九年），也就是我五十二歲任刑部侍郎（相當於現在法務部次長）。憲宗指派大臣前往鳳翔府法門寺，迎回釋迦牟尼佛的指骨一節進宮，供奉三天，然後再送回佛寺。

記：這有什麼稀奇？接近二十一世紀的ROC，不也派政治法師、部長、直轄市市長，到泰國迎接「佛牙」一顆；而且在中正機場的接機典禮，是由副總統領頭代表總統，外加三院院長（另外兩個院長硬是不信邪、毋鬥陣，事後雙雙得到報應，一個「壯志未酬」，一個回家韜光養晦去了）恭迎如儀。

愈：佛牙坐金轎？地面鋪紅地毯？

記：當然囉！還找了一百個美麗長髮女教徒，俯身下跪叩頭，並且散髮鋪地爲道，讓抬轎手從「髮毯」走過。

愈：女教徒俯身下跪叩首，那二個「36D」不都跑出來了？像什麼話！

記：二十一世紀的「宗教奇蹟」。

愈：那台灣明天會更好！除了早先向錢看的「經濟奇蹟」，與草山修

憲的「政治奇蹟」外，最近又有迎佛牙的「心靈奇蹟」；不過，一直使我感到納悶的是當年皇上李适爲求歲豐人泰，親自主持迎佛骨一事；現今總統也是李氏，怎麼不親自參與？

記：這可使不得，豈不成了「王見王」死棋，因爲摩西跟釋迦沒有交集之點。

愈：聽說釋迦的佛牙，現存的僅有二顆：一顆在北京，一顆在錫蘭（現今斯里蘭卡），怎麼會生出第三顆，莫非是贗品？

記：政治和尚說：「心誠則靈」，眞假又有什麼關係？

愈：那宋七力頭上的光環，本身、分身，假身又有什麼關係？

記：「一國兩制」是個時髦的玩意兒，法律自不例外，我們早已見怪不怪了。

愈：只要我看不慣就上書極諫，寫了一篇〈諫迎佛骨表〉。

記：內容說些什麼？

愈：佛者夷狄之法，上古未嘗有也。今以年豐人樂，徇人之心，爲京都士庶，設詭異之觀，戲玩之具，傷風敗俗，傲笑四方，非細事也。

記：您還說梁武帝因爲事佛，以致國破家亡，還說自東漢以來，凡奉佛之帝王，大都夭折早亡。您佬也太過分了，身爲人臣，又是政務官，竟然咒皇上早死，您可知道其嚴重性？

愈：憲宗看了以後，大爲震怒，下令立即處死。

記：那您怎麼還在？

愈：我的好友裴度（丞相）、崔群（內政部次長）極力替我求情。

記：改判十五年。

愈：判貶官八千里外的潮州刺史八個月。

記：然後呢？

愈：再貶袁州刺史又八個月後就回京，擔任國子祭酒。

記：這跟三大血案破不了，貶爲政務委員，再轉個身任交通部長，有異曲同工之妙。

愈：＊@♯&！

記：我這輩子只希望不要因爲文字獄，坐直昇機，發配到火燒島唱「綠島小夜曲」就好！

後記

「文起八代之衰，道濟天下之溺」的韓昌黎。無疑的，是我國文學史上的一顆永恆的彗星。他的詩文氣勢雄偉，眼界豪邁，不但具有陽剛之氣，更兼具陰柔之美。他的詩杜韓並稱，代表唐代特有的風格；他的文韓歐並稱，作爲唐宋古文運動的領袖，並且遠追史遷、揚雄，獨兼雄偉奇崛之美。《昌黎集》在集部中是最爲流行、最爲普遍的一部書，他不但是唐代最傑出的文學家之一，更可說是天下第一文章。

——99′・8刊於《國文天地》一七一期——

爲販夫走卒吶喊的平民詩人

～白居易訪問記～

李淵父子（建成、世民）三人，以武力代隋受禪稱帝，建立大唐帝國。唐高祖以九年的時間，掃蕩群雄，統一全國；唐太宗北伐突厥、西破吐谷渾，再降回紇，被西域諸國酋長尊爲「天可汗」，奠定了太、高、武、中、睿、玄六朝一百二十年的盛唐帝國。

玄宗在位四十三年之久，前二十九年任用賢相姚崇、宋璟等，納言從善，勵精圖治，國泰民安，自有一番蓬勃朝氣，是爲「開元之治」，足與太宗「貞觀之治」，後先輝映。

七四二年，已過「耳順之年」的玄宗皇帝，由於在位近三十年，耽於逸樂，寵愛楊貴妃，聽信佞臣李林甫、楊國忠、高力士等，上下用權，導致安史之亂，結束了盛唐時期。

及至中唐，國勢日非。在府有朋黨之爭，在宮有宦官之禍；內

有藩鎮之亂，外有強寇之患。干戈禍亂，紛至沓來，民生苦不堪言。「文學反映社會現實」，白話社會詩人，因而應運而生。

記者特別走訪中唐「社會詩人」兼「大衆詩人」，在帝王專制時代，寫下五十篇計九千二百五十二言「新樂府」的白樂天先生。這種以諷諭爲主體的詩作，他的寫作動機何在？爲君、爲臣、爲民、爲物、爲事而作？還是爲寫作而寫作？

居易行簡兩兄弟

記：樂天先生，謝謝您接受我們的訪問。

白：大唐以來，詩人之多，多如天上繁星，您怎麼不去造訪他們，偏偏訪問在下。

記：您說過：「文章合爲時而著，歌詩合爲事而作……」〈與元九書〉「詩言志」，您的詩有感而發，既非無的放矢，亦非風花雪月。

白：我的詩：「非求宮律高，不務文字奇；惟歌生民病，願得天子知。」〈寄唐生〉

記：換句話說，您的詩言之有物，是爲生民請命，並非一般無病呻吟之作。

白：難得您這麼瞭解我。

記：首先請向廣大的親愛讀者作個自我介紹吧！

白：我姓白名居易，字樂天，下邽（今陝西渭南）人。

記：姓白？可是西域人？

白：西域？看您「西域」二字如何下定義。我祖先是秦白起的後代，起的兒子「仲」受封於太原，子子孫孫落地生根，就成爲太原人。

記：這麼說來您還是西域人，只不過不是唐朝的西域人，而是秦朝的西域人。

白：什麼西域人，東域人的！我後來成爲「新陝西人」就是了。

記：您可有兄弟？

白：我有個弟弟叫白行

河南洛陽白居易墓

簡，字知退。

記：兄弟倆名字好怪呵！

白：怎麼個怪法？

記：您叫居易字樂天，令弟叫行簡字知退。

白：食、衣、住、行乃民生四大需求。我們農村之家，男耕女織胼手胝足，歲豐之年，吃飽穿暖比較不成問題；至於住和行就不敢講了。

記：所以令尊希望您們兄弟倆，一個能樂天居易；一個行簡能知退。其實您們要是生在今日台北，名字才貼切呢！因爲台北一個房子動輒上千萬，眞是居大不易；交通堵塞，出門行路更不簡單。

白：那您的名字最好改爲「韓停易」！

記：爲什麼？

白：台北街頭不只寸步難行，以車代步，停車更難。

記：說說您小時候的事情吧！

白：聽說我小時候很聰明。

記：怎麼個聰明法？

白：才七個月大，奶娘抱著我在父親旁邊，看父親讀書，用拇指指著

「之」、「無」二字就會念，而且屢試不差。

記：太誇張了罷，搞不好是給「矇」對的。

白：我九歲就識聲律，開始作詩塡詞，寫文章。

記：好像眞的天賦文才。

白：十五歲那年就結集成冊，到長安謁見顧況。

記：幹嘛去見顧況？

白：顧況爲當時一大文宗，在京爲官，若能得到他的首肯，不但可以遍交文人詩士，不失爲一捷徑。

記：顧況很熱心的提拔您？

白：顧況恃才傲物，才翻了我的詩集一、二頁，就回頭笑著對我說：「長安物貴，居大不易。」

記：意即您不必在長安混了。

白：最氣人的是他還拿我的名字尋開心。

記：因爲您的名字叫白居易，不但聲明居易，而且還要白住。

白：不過當他讀到「離離原上草，一歲一枯榮，野火燒不盡，春風吹又生……」時，不禁肅然起敬，立刻改口道：「有句如此，居亦何難？」

記：他爲何如此前倨後恭一百八十度的轉變；何況您那時不過是個十五歲的大孩子而已。

白：他被我這首五言律詩〈草〉所感動了。

記：這首〈草〉，寫的不過是草，述說那原野的青草，一年一次的秋冬枯萎、春夏繁茂；這些草，野火是燒不盡的，春風一吹，它又生長出來。句句說草，稀鬆平常，一點都不出色，連我這個不會做詩的人，也可以寫上好幾首。

白：這首詩表面上句句說草，骨子裡說的卻是代宗、德宗兩朝，藩鎮勾結回紇、吐蕃作亂；另外也影射兩朝的朋黨之爭與宦官小人用權。

記：一首小詩竟然暗藏這麼多的玄機，難怪顧況要對您刮目相看；不過您那時候才十五歲耶！就有這麼複雜與成熟的思想？

白：同樣一首詩，但個人體會自然不同。

記：既然顧況這麼欣賞您，您是否從此跟定他，他一定會照顧、提拔您。

苦讀成名　詩詞數千

白：没的事！我大唐科舉制度最爲綿密，若未經過科考進士及第，絕不可能「釋褐」（脫掉粗布衣服）任官。

記：有道是「萬般皆下品，唯有讀書高」，只好在故紙堆中找尋出路。

白：我經過了十四年的苦讀，終於在貞元十六年（西元八〇〇年）考取了進士。

記：怎麼個苦讀法？

白：讀到口舌成瘡，手肘成胝。

記：太誇張了，豈有此事！

白：不只此也，還讀到齒衰髮白。

記：跟您的前輩韓愈一樣，「而髮蒼蒼，而齒牙動搖」乎？

白：瞀然如飛蠅垂珠在眸子中者，動以萬計。

記：那豈不是「飛蚊症」（myedopsia），就是韓愈的「而視茫茫」了。

白：這都是寒窗苦讀、嘔心瀝血所得來的！

記：所花費的代價不小，不過還是值得的；從此，您不但入官籍，而且您的詩作多至三千首，是唐朝以來所未曾有的盛況。

白：元稹跟我最要好，往來酬詠，人們稱之爲「元白體」；元稹死後，又與劉禹錫齊名，號曰「劉白」。

記：您都寫些什麼詩？

白：我的詩作分爲四大類。

記：是那四大類？

白：第一類是閒適類，是和「我的朋友」元稹、劉夢得（禹錫的字）諸人，唱和贈答，其主旨在於「省分知足，吟玩情性，閒適有餘」；當然偶爾也免不了感傷一番。

記：這已屬於第二類的：「事物牽於外，情理動於內，隨感遇而形於歎詠者。」

白：第三類屬於諷諭類，包括我最得意的「新樂府」；第四類則屬於「五言七言，長短絕句」的雜詩。

記：身處帝王專制時代，幹嘛想不開，做諷諭詩去得罪王室？

白：沒辦法啊！這是職責所在，不得不為也。

記：眞有這回事？從哪兒說起呢？

白：我在貞元十六年進士及第，先後幹過校書郎、集賢校理與翰林學士……。

記：那都是一些文學侍從官，閒差一個，閒空之餘爲皇帝寫些「等因奉此」、「之乎者也」的公文書而已。

白：不過，後來我被任命爲「左拾遺」就不同了。

記：左拾遺是幹嘛的？

白：其職權爲對皇帝進行規諫，並荐舉人員。

記：您大可無關緊要的推荐幾個，意思，意思；更可在酒醉飯飽之餘，對皇朝歌功頌德，馬屁一番，惠而不費，大家都「樂在其中」，豈不兩便！

白：這樣對得起國家嗎？

記：要對得起國家之前，必先對得起自己；否則準沒得混的。

白：我可不這麼想。

民間疾苦　上達天子

記：那您寫了哪些個攸關民生疾苦，「願得天子知」的詩詞歌曲？

白：像〈杜陵叟〉：「三月無雨旱風起，麥苗不秀多黃死；九月降霜秋早寒，禾穗未熟皆青乾……典桑賣地納官租，明年衣食將何如？剝我身上帛，奪我口中粟……。」

記：那是爲農夫請命的詩。

白：像〈縛戎人〉：「沒蕃被囚思漢土，歸漢被劫爲蕃虜；自古此冤應未有，漢心漢語吐蕃身。」

記：蕃漢連年爭戰，邊地無辜人民，早已成爲邊緣人，處於進退維谷之慘狀，有如現代「科索沃」難民。

白：像〈太行路〉：「人生莫作婦人身，百年苦樂由他人。行路難，難於山，險於水。不獨人間夫與妻，近代君臣亦如此。君不見左納言，右納史。朝承恩，暮賜死。行路難，不在水，不在山，只在人情反覆間。」

記：您藉夫婦之不平等，諷諭君臣相遇之不終，大有伴君如伴虎之狀。

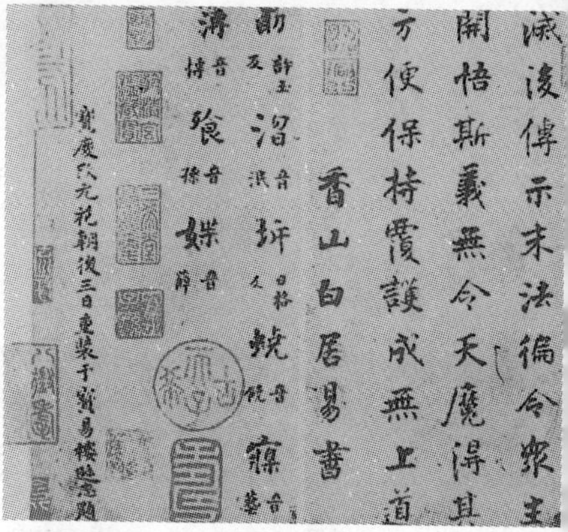

白居易書〈楞嚴經〉

白：又如〈賣炭翁〉：「賣炭翁，伐薪燒炭南山中，滿面塵灰煙火色，兩鬢蒼蒼十指黑。賣炭得錢何所營？身上衣裳口中食。可憐身上衣正單，心憂炭賤願天寒……牛困人飢日已高，黃衣使者白衫兒，手把文書口稱敕，迴車叱牛牽向北，一車炭，千餘斤，半匹紅紗一大綾，繫向牛頭充炭值。」

記：描述「宮市」強買強徵，紗綾雖貴，不飽肚，不暖身，不顧人民死活，以至於此。

白：像〈新豐折臂翁〉：「偷將大石搥折臂，張弓簸旗俱不堪，從茲始免征雲南，骨碎筋傷非不苦，且圖揀退歸鄉土，此臂折來六十年，一肢雖廢一身全，至今風雨陰寒夜，直到天明痛不眠；痛不眠，終不悔，且喜老身今獨在……。」

記：天子好大喜功，連年征戰，人民爲逃避徵兵，寧願毀身折臂，苟

活過一生。

白：像〈黑龍潭〉：「不知龍神享幾多，林鼠山狐長醉飽。狐何幸，豚何辜，年年殺豚將餧狐。狐假龍神食豚盡，九重泉底龍知無？」

記：您赤裸裸地諷刺貪官污吏，挾天子之令以中飽私囊，而天子處在深宮，始終不知民間疾苦。

白：其他像〈無名稅〉、〈江南旱〉、〈凍死囚〉、〈買牡丹〉無不搶天呼地的在爲民請命，希望政府能正視經濟不景氣而引起的社會不安與動盪。

記：您寫了這麼多「願天子知」的詩詞、樂府，最後皇帝知道了嗎？

官宦朝時露　詩詞千古事

白：皇帝當然知道囉！

記：他有沒有獎賞？讓您升個監察院院長或資政什麼的？免得您「壯志未酬」。

白：由於屢次直言不諱，遂至觸怒權貴，貶爲江州司馬（相當於現今兵役科科長），閒差一個。

明·仇英所繪《琵琶行圖》(局部)

記：您的〈琵琶行〉藉一個被遺棄的商人婦境遇，澆灑自身胸中塊壘。

白：有「同是天涯淪落人，相逢何必曾相識；滿座重聞皆掩泣。座中泣下誰最多，江州司馬青衫濕。」之句。

記：一個盡職守分的左拾遺，竟然得到這樣的回報，您是不是有悔不當初之感。

白：義之所向，一往無前。雖然政府、天子對我的呼籲充耳不聞，反而把我打入冷宮，但是人民的眼睛是雪亮的。

記：何以說？

白：我寫的詩詞全國上下爭相傳誦，不論是寺廟道觀、旅邸驛站的牆壁上；王公妾婦、販夫走卒的口中，無不朗朗可誦，甚而有人冒名傳鈔出售的。

記：您不請律師告他們？

白：無法（著作權法）可告；更誇張的是有人把我的作品拿到新羅國（古三韓之一）去兜售，宰相花了一兩黃金才換得一篇。日本作家菅道原眞的詩集五百首中有一百多首「意襲」自我的作品；平安時代的日本作家無不人手一冊《香山集》。

記：那眞可謂洛陽紙貴，喧騰一時。

白：可惜我一塊版稅也沒有收到。

記：能名傳千古，揚聲域外，也是前無古人的韻事。

白：不敢，不敢！過獎，過獎！

記：我拜讀過您的全集，深深的覺得，您的〈長恨歌〉與〈琵琶行〉是偉大不朽的敘事詩與抒情詩；至於您的「新樂府」並算不得什麼好詩，卻是像小皮球、小彈珠似的，周轉溜走，無遠弗屆，賞心悅目得連小孩、老嫗都琅琅上口。

白：這可能有二個原因！

記：哪二個？

白：第一，我每一詩成，就先抄送給鄰居的小孩與老婦人誦讀，凡是他們讀得下、背得出的，我就定稿發表；不然，我就再修改、重寫。

記：務必達到「白話」與「簡易」二個基本要求。

白：對，對！

記：您和元稹相互間酬唱的詩文，總稱「元和體」，因而有「元粗白俗」的說法。您和元稹才是中國歷史上第一個白話詩人；胡適之「兩隻蝴蝶的《嘗試集》，其實是元白詩的復活集」而已（胡適〈論中國詩的白〉）。

白：第二，我一生同情弱勢團體，針砭時弊，諷刺當道官吏，正符合了「說人不敢說、道人不會道、寫人不能寫」的內心深處，一吐心中鬱卒。

記：根據《酉陽雜俎》的記錄，有人還把您的詩刺青在身上呢！

白：那不成了活動廣告了，使我深深的感動。

記：您一生寫詩有個什麼原則？

白：以打破中唐詩，吟風弄月的描寫，而以社會大眾的痛苦悲劇爲題材。

記：您寫不寫所謂香艷、刺激，令人想入非非的「情」詩「愛」詞？

白：我專心一志的發掘社會普羅大眾的苦痛都來不及，哪有閒工夫寫

那些花、月與美人。

爲賣餛飩寫詩詞

記：那〈花非花〉呢？

白：您指的是那首：「花非花、霧非霧；夜半來，天明去。來如春夢不多時，去似朝雲無覓處。」有人把它配以譜曲，吟唱流傳。

記：那豈不是一首纏綿悱惻的戀愛詞：「朝思暮想的愛人哪！妳的倩影看起來像是花一樣的美，卻又不如花樣的具體；想起來像霧一樣的不可捉摸，卻又不像霧一樣的實有。妳每天夜半來幽會，天明離去。來的時候像春夢一樣，須臾便逝；去的時候，有如清晨的浮雲，不知飄向何處？」

白：天啊！您們怎麼可以這樣自以爲是的曲解我的詩詞，我普羅大眾詩人的令名，都被您們糟踏了，我擁抱大眾、關懷弱勢的心意，都被您們強姦了。嗚！嗚！

記：白先生，您乾脆坦白的告訴我們，您在這一首詞中，到底要告訴我們什麼，免得一千多年來一直誤會、曲解下去。

白：這詞是描寫一個在長安城中，半夜裡賣餛飩的苦力小販。

記：Really？

白：您也知道長安是當時國際大都會，胡漢商賈雲集，白天固然熙熙攘攘熱鬧非凡，即使在夜間亦歌舞昇平，別有一番景象。

記：常言道，所謂的都市夜生活。

白：這賣餛飩乃是都市夜生活的一環。小販白天在妻女的幫忙下剁餡、和麵、包餛飩……，晚上則挑著「一頭熱」的擔子，沿著街頭巷尾叫賣，供應「夜貓子」們消夜之用。

記：有如現在午夜夢迴，一聲聲清脆、哀怨的……「肉粽，燒肉粽，賣肉粽！」一般。

白：餛飩下在滾沸的油湯中，翻滾得像一朵朵散開的花朵，卻不是花；騰騰熱氣冒出團團霧花，卻又不是霧。半夜裡挑來叫賣，天亮前挑著擔子收攤而去……。

記：那「來如春夢不多時，去似朝雲無覓處。」作何解釋？

白：賣餛飩的感歎日子難過。像這樣夜以繼日、不眠不休的討生活，希望有如春夢一般趕快飛逝而去，未來幸福的日子卻又像朝雲似的無處可覓。

記：刻骨銘心的描述底層社會大眾謀生求活的無可奈何。

白：遺憾的是，大家都把肉麻當有趣，當做愛啊！妹啊！的情歌來唱！

記：說真的，全首並無一「情」呀！「愛」呀的字眼。

白：更氣人的是，還在燈紅酒綠中，歌榭舞台上叫個穿著「零配件」的辣妹，在那邊扭腰擺肢的又吼又叫，噁心得快要吐了。

記：香山呀！香山呀！您實在是很沒趣，大煞風景。

白：怎麼反倒怪起我來了！

記：您就像美國那個登陸月球的太空人阿姆斯壯（Armstrong，Neil Alden，1930～　）一樣的不解風情。

白：阿姆斯壯怎樣？

記：本來我們對月亮充滿著迷思、遐想……。

白：認定那兒有個廣寒宮，裡面住著一位美女仙子，她「碧海青天夜夜心」想著地球上的愛人，日日夜夜巴望著情郎，像 supper man（超人）那樣飛奔前去會面，以解千年相思之苦。

記：結果呢？我們這位「手臂強壯」(Arm strong)的美國太空人，竟然空手而回。

白：大夥兒失望、歎息？

記：起先大家還暗「爽」呢！

白：爲什麼？

記：以爲美麗、溫柔、多情的嫦娥小姐「願嫁漢家郎」，不肯嫁給「威而鋼」的美國大兵。

白：說的也是，嫦娥是中國小姐，怎麼說肥水也不該落入外人田？

記：哪曉得這群帶著「地球人」無限希望、無限憧憬的太空人，探月回來後竟然告訴我們說：月球中沒有廣寒宮、沒有玉兔兒，更沒有嫦娥小姐；只是一個布滿著窟窿的痲臉大土石球；更誇張的是上面還沒有空氣、也沒水……。

白：有人豈不萬分懊惱，巴不得來個星星撞月球。

記：說的也是，一夜之間我們的「肖想」全都泡湯了。

白：總得接受「事實」的考驗啊！

記：所以，我們寧可錯信〈花非花〉像〈洛神賦〉、〈高唐賦〉那樣的美艷、動人，是一種「愛的傾訴」，而不願確信是賣餛飩詞！

白：可是！原本事實卻非如此。

記：我不甘心，我抗議！我要發動所有廣大的讀者群，進行公民投票表決。

白：喂！您們怎麼可以如此的不尊重作家的「原創權」，我要向主管機關新聞局投訴，告您們妨害創作自主權。

記：得了吧！新聞局局長每天忙著發布與各國斷交的消息都來不及，還管您這檔子芝麻綠豆小事。

白：、，；？哇！

政治編

曠世導演 政治玩家

～呂不韋訪問記～

一七七五年英人博爾頓·馬修（Boulton Matthew）和詹姆士·瓦特（James Watt）合作製造了第一部蒸汽引擎，大量投入製造業的生產，引發了產業革命；及至二十世紀資本家們透過金融機構的運作，以商業銀行、儲蓄會社、投資公司、放款機構以及保險公司等方式，籌集資金。銀行成了金融市場中心，他們既是資金的供應者，也是資金的使用者，更是資金的創造者，尤以一九四四年成立全球國際貨幣基金組織，已造成了第二波的產業革命。

經濟學家將一七七五年第一次產業革命前的傳統農、漁、牧、礦、林、鹽……等的生產，名之爲第一產業；一七七五年以後的加工製造業，被稱之爲第二產業；從一九四四年以後的金融服務業，稱之爲第三產業。今年英人詹姆士·喀麥隆(James Cameron)所導

演的「鐵達尼」(Titanic)影片爲公司創造了十億美元的票房紀錄，其利潤之高，相關人員以及相關企業的分潤，雖不是絕後，確也是空前的，此種產業乃文化產業，吾人稱之爲第四產業。

您知道在戰國時代，有位名叫呂不韋的「國際貿易商」，他曾經從事過「耕田之利」的第一產業，也經營過「珠玉之贏」的第二產業與第三產業，他還編撰過《呂氏春秋》，從事過文化事業的第四產業；當然，您還不知道他從事過移花接木，立主定國的帝王事業，無以名之，姑稱之爲第五產業。

今天，讓我介紹這位「政治玩家」跟讀者見面。

家世　里居

記：Hi！呂不韋先生，您好！

呂：記者先生您好！

記：首先表示歉意的是，我不知道該用什麼頭銜尊稱您，而且也不知道您喜歡人家如何稱呼您！眾所周知，您身歷秦國莊襄王、秦王二朝十三年相國之尊，號稱仲父；您曾受封為文信侯，食邑河南洛陽十萬戶；您是韓國人，卻經常往來於韓、趙、魏、秦四國之間從事買賣，是位國際貿易家；您的府中貴客三千，奴婢萬人，比諸魏之信陵、楚之春申、趙之平原、齊之孟嘗四大君子，毫不遜色；加上您與您的門客所合著《呂氏春秋》一書，其理論兼採陰陽、儒、法、刑、名、兵、農各家之長，成為「雜家」之代表，在學術上的成就，足以位比博士。

呂：好漢不言當年勇，您稱我呂先生就好，這樣比較親切，比較平易近人。

記：我看您的簡歷，您是韓國濮陽人（即今河南省東北部的濮陽市），怎麼會跑到趙國邯鄲（即今河北省南部邯鄲市）居住？

呂：我家數代在濮陽務農，至父親時遷居陽翟（現今河南中部潁川），改行營商，從事貿易，漸次發達。

記：聽說您們已成大戶人家，多金。

呂：那時候我廿五歲，主要在趙、秦之間從事國際貿易。

記：秦趙之間是敵對之國，如何做貿易？

呂：常言道：「商人無祖國。」有錢賺就好！

記：就像現今跨海西向到大陸做生意一樣。

呂：對！對！叫他們「戒急用忍」，偏偏到大陸「安居樂業」。

記：有時也免不了牽涉政治事件？

呂：當然囉！

記：是否也涉及間諜案？

呂：順手兼點買賣情報的生意，必要時還可以打通王室，涉及王位繼承之爭。

記：有這麼大的通天本領？

呂：小Case一樁！

記：舉個例子說吧！

「第五產業」 奇貨可居

呂：有一天，我在趙國都城邯鄲街上閒逛，碰到一個落難公子名叫「異人」的。

記：是不是又名「子楚」的那個人？

呂：對！對！

記：這異人的背景如何？

呂：話說自從韓、魏兩國納地於秦四百里之後，秦國的東方乃與趙國接壤；從此秦趙兩國之間三不五時發生戰爭。

記：戰爭總有結束之時。

呂：停停打打，打打停停，然後就簽和約，交換「質子」。

記：什麼叫交換質子？

呂：就是雙方將王子遣至對方，做爲抵押品，以防再度發生戰爭。

記：這「質子」以後就變成了駐在國大使，也兼做蒐集情報的工作。

呂：對！對！據說國與國之間互派大使就是從質子演變而來。

記：就像民國十三年，中國國民黨宣布「聯俄容共」政策，准許中國共產黨以個人資格加入國民黨，國民黨爲表示「誠意」派十六歲的蔣經國先生至俄國孫逸仙大學「留」學，做爲人質，是一樣的道理。

呂：後來中俄兩國有沒有翻臉？

記：民國十六年蔣中正先生翻臉，實行所謂的「清黨」，屠殺共產黨黨員。

呂：從此中（指國民黨）俄交惡，於是俄國就極盡的侮辱質子……。

記：流放到西伯利亞作苦工十餘年。您怎麼知道？

呂：天道循環，歷史永遠如此重演。

記：那麼這異人就是被秦國派到趙國去做抵押的質子。

呂：他是秦國昭襄王太子安國君的兒子。

記：他是安國君最疼愛的兒子嗎？

呂：哪有這個可能？相反的，正是安國君二十多個孩子中，最不被疼愛的兒子。

記：因爲秦國常常找藉口和機會去攻打趙國。

呂：秦國擺明了，要把異人作「犧牲打」。

記：異人在趙國的地位可想而知，既窘且困，連日常生活都成問題。

呂：但我一見到異人就高興，認爲這是個千載難逢的機會。

記：在商言商，您自有一套與衆不同的觀點。

呂：我把他當作一樁奇貨可居的稀世商品看待。

記：何以見得？

呂：我曾經請教家父說：「耕田力作之利幾倍？」

記：那是直接生產，又叫第一產業。

呂：我父親說十倍。

記：您不滿足？

呂：當然不滿足！

記：又問？

呂：「珠玉之贏幾倍？」

記：這是加工業，也就是第二產業，利潤是多少？

呂：百倍。

記：一本百利還不夠？

呂：我再問：「進一步爲一個王朝立主定國，其利幾倍？」

記：您爸怎麼說？

呂：無數倍！而且不像造反的風險大——失敗了會被殺頭！

記：本來嘛！農工階級最最可憐，日夜辛苦工作尙不能求得溫飽。而定國立君，可永世享受其恩澤。

呂：有一天，我雙手提了禮物，前去破落戶拜望異人，在門口直截了當的說：「我可以光大閣下的門楣。」

記：異人聽了怎麼回答？

呂：異人只開了一條門縫說：「不必了！您先光大自家的門楣吧；至於我家門楣，您就甭管了。」

記：哇！出師不利，您被拒絕了。

呂：這您就不懂談判訣竅了。談判第一要訣，當對方提出反面理由，基本上是可談的，最怕的是對方不理你。

記：就像是做推銷員似的，只要對方開口您就有成交的希望——不管他嫌貨貴或貨色不好，如果對方三緘其口相應不理，那才是徹底失敗。

呂：追女朋友、請剛認識的女生看電影，都等同此理！

記：我們不談追女朋友，今天只談追異人！

呂：我趕緊把右腳伸進門縫說：「閣下有所不知！您家門楣光大後，才能光大我家的門楣！」

記：這裡話中有話！

呂：異人不但讓我進門，而且請上座，奉好茶！

記：兩人坐定之後，您如何引起話題？

策劃「王子復仇記」

呂：異人才落座，我劈頭就問：「您想不想有朝一日，回國繼大位，掌君權？」

記：這怎麼可能呢？安國君有子二十餘人，異人既非嫡長子，又被質押在趙國，小命都危在旦夕，怎麼可能與其他諸王子在安國君面前爭寵？

呂：可是安國君獨寵華陽夫人，而華陽夫人無子，這個希望可就大了。

記：您要從華陽夫人入手。

呂：也只有這個辦法，最可行、最快捷。

記：這叫什麼外交？

呂：這叫宮廷外交！

記：這與李登輝的「務實外交」有何不同？

呂：有大同小異之效！

記：所謂大同，就是拿錢去砸！

呂：所謂小異，一個是錢花在刀口上，得心應手；一個是「肉包子打

狗」有去無回，引起國內經濟蕭條。

記：精采的戲碼，正在上演中。

呂：我拿出家產一千兩黃金。其中五百兩交給異人，讓他租一豪華巨宅，添購家具、車馬、衣物等所有設備，然後介紹趙國皇親國戚、內閣閣員及國會議員、工商鉅子，給異人認識。異人從此三日一小宴，五日一大會；日日笙歌，夜夜飆舞。

記：異人的政治地位，立刻連漲三、四個停板。

呂：有吃、有喝、有玩，又有得拿，人性所趨，一針見血。

記：然後呢？

呂：我拿另外的五百兩黃金，購置奇珍異寶、鑽戒瑪瑙，前往秦國，透過華陽夫人的姊姊……。

記：華陽夫人的姊姊？怎麼這麼巧您剛好認識她。

呂：別忘了我是跑單幫的，她正好是我的老客戶。

記：於是您就越俎代庖，透過夫人的姊姊，以異人的名義將禮物獻給夫人，並且替異人帶話問好候安。

呂：豈止問好而已！要說：「日夜泣思太子與夫人」的地步。

記：那華陽夫人不感動死了才怪。

呂：怪就怪在華陽夫人起初還不曉得有異人這號人物。

記：不過沒關係！精誠所至，金石爲開；禮物到哪裡，人情就到哪裡。

呂：「要怎麼收穫，就要怎麼栽！」這是呂氏定理第一條。

記：如此這般的過了一陣子，異人已在安國君與華陽夫人心目中建立了「最佳男主角」的地位。

呂：然後我又叫夫人的姊姊告訴夫人說：「大凡女子以色事人，等到年老色衰，秋扇見捐之後就慘了！」

記：華陽夫人聽了之後，豈不嚇了一跳！

呂：嚇得臉色蒼白，心臟都快跳出來了！

記：那怎麼辦？

呂：您有沒有聽過「母以子爲貴」的成語。

記：當然聽過！只要華陽夫人有個兒子，立以爲世子，就可立於不敗之地。

呂：可是華陽夫人就是沒有兒子。

記：没有兒子才好，要是夫人有親生兒子，那異人的戲就唱不下去了。

呂：於是，夫人日夜在安國君面前枕邊細語，要求立異人爲世子，因爲異人不但有賢才、知書、達禮、有孝心。

記：後來呢？

呂：安國君拗不過她，只好立異人爲世子，並立下切結書，免得日後反悔。

記：這都是您一手導演、串場的？

呂：當然！當然！

記：您如果身處現代，大導演喀麥隆、李安等人，也都得對您禮讓三分。

呂：我不但導了這部「王子復仇記」的歷史劇；接著又導了一部「移花接木」的愛情戲。

移花接木　借腹生子

記：劇本的「故事」從何說起？

呂：男主角還是異人，女主角則是趙姬。

記：趙姬？我怎麼沒聽過！

呂：先前我告訴過您，我是個國際貿易商人。我在秦國、韓國、魏國……都有「駐在店」。

記：想當然耳，每個地方也都有個「地下夫人」。

呂：不敢！不敢！不過飲食、生活起居，總要有人照顧的。

記：現今台商也有「一國兩制」下的「包二奶」和家庭。

呂：那趙姬就是我在趙國的女人。她不但人長得漂亮，而且能歌善舞，棋琴書畫一把罩；又能猜拳勸酒助興，是一等一的歌舞秀主持兼公關小姐。

記：那時候異人尙未結婚？

呂：還不滿二十歲的落難公子，加上爹不疼、娘不愛的，怎麼會有對象？

記：快講快講！我都等不及「欲知後事」了。

呂：有一天是異人的生日，我在家設宴爲其慶生。席前由趙姬率舞團表演勁歌熱舞；席中由趙姬親自執壺陪酒、勸酒，把個落難公子灌得酩酊

大醉，不省人事；席後……。

記：那天「酒後不開車」，異人是回不去了。

呂：我就示意趙姬伺候他休息。

記：孤男寡女相處一夜。一個酒醉，一個美得令人冒泡，「醉翁之意不在酒」，理所當然的發生了「天雷勾動地火」的「大代誌」。

呂：第二天一大早我去敲他們的房門，發現兩人僅著褻衣相擁而眠。

記：於是您就大發脾氣。

呂：我指著異人的鼻子大罵：「畜生！我爲您花上千兩黃金，爲您裝點門面，一心巴望有朝一日能出人頭地，登上寶座……。」

記：異人莫名其妙的從夢中被罵醒，一陣錯愕之後，才知道代誌大條囉！

呂：「朋友妻不可欺」古有明訓，您知道吧！「狗咬呂洞賓不識好人心」，這幾年來吃我的、穿我的、用我的，最後還睡我的女人。我聲色俱厲的又罵又哭，反手又給趙姬一個耳刮子，接著又罵趙姬。

記：異人如何收拾這尷尬的場面？

呂：他既羞且愧，最後在我的腳跟前「撲通」一聲跪了下來，哀求我這個兩肋插刀、恩同再造的好朋友原諒他。他願意做牛做馬報答我。

記：您原諒了他。

呂：我一拍胸膛，慷慨激昂的說：「我呂某既能爲朋友的前途毀家破產，又何必在乎區區一個心愛的女人；乾脆我呂某好人做到底，將這最心愛的女人一併送給您，不過……。」

記：您獅子大開口，要遮羞費！

呂：他哪有錢可搾，而且我的目的不在於錢！我要異人發下重誓簽下切結書，要永生永世愛趙姬，即使將來當了皇帝，亦不得背叛這個女人！

記：就這樣您成全了異人與趙姬的這樁姻緣。

呂：他倆結婚後不到八個月就生下個胖娃娃——秦王嬴政，就是日後的秦始皇。

記：不到八個月就生孩子，那鐵定是早產囉！

呂：哪有早產！趙姬事先「有了」，我才把趙姬送給異人。

記：您好陰險，好缺德啊！這叫什麼招數。

呂：這是移花接木招啊！

記：這招有用嗎？

呂：怎麼會没用？

記：當時在位的是昭襄王，從昭襄王經安國君，再經子楚到嬴政有四代之隔，人壽幾何，說不定見不到嬴政即位，您就死了。

呂：嬴政生下後十年，老王秦昭王就死了。

記：然後傳位給安國君是爲孝文王。

呂：孝文王接位才三天就死了。

記：然後傳位給子楚。

呂：是爲莊襄王。

記：子楚繼承王位後給您什麼回饋？

呂：任我爲丞相，封文信侯、食邑洛陽十萬戶。

記：您這才是一本萬利啊！

呂：當初我替異人設計爭位時，他答應分天下一半給我的。

記：安國君就位三天，異人就位三年得年三十五也就死了；是不是您給他們吃了砒霜，好讓嬴政早一點接位。

呂：天機不可洩漏！當然我決不承認，但也不便否認！

記：……。

帝王之業 人算不如天算

記：呂先生，您毀家輸財幫助子楚（即異人）登上王位，天下眞有這麼古道熱腸的人？

呂：其子嬴政以十三之幼齡登基，是爲秦王政，亦即秦始皇。

記：其實秦始皇是您如假包換的親生兒子。

呂：他起先不知道。

記：小皇帝才十三歲，這下您可神了。

呂：小皇帝尊我爲相國，號稱「仲父」，家僮超過萬人。位尊權重，可以隨時進太后宮。

記：這太后是小皇帝的母后，亦即趙姬，本來就是您的女人；所以您進宮跟她敍敍舊也是人之常情。

呂：可是趙姬不這麼想。

記：當然了，爲了愛人的前途，「有身」還「送做堆」嫁給異人；後來又爲了讓兒子趕快接王位，使得丈夫異人早逝，年紀輕輕就守寡。老實說，太后對秦王朝及呂家，就算沒有功勞，也有（守寡的）苦勞，沒有苦

勞，也有（三嫁夫人）疲勞。

呂：每次我們見面，她就死剝爛纏的不讓我走！

記：其實這是很危險的事，因爲秦始皇已日漸長大。總不能這樣一天拖過一天。

呂：後來我就介紹一個門客叫嫪毒的，拔掉他的鬍鬚，買通內侍，把他冒充太監送進太后宮，侍候太后。

記：這一招可以叫做「金蟬脫殼」計。這下您可就悠哉游哉了。

呂：哪曉得那嫪毒吃不得飽飯，除了與太后私生二子外，竟然也養士三千，名聞諸侯。

記：這叫名師出高徒。您們兩人都犯了死要出名的毛病，最後下場一定是很悲慘，您没聽過「人怕出名，豬怕肥」的警語？

呂：最後竟敢假太后之命作亂！

記：結果呢？

呂：其實始皇早已知道太后宮中的穢事，只是礙於太后與相父的面子不便發作，這下正好藉嫪毒作亂的事件，夷嫪毒三族並殺太后二子。

記：有没有因而連累到您？

呂：當然有！免我相國，並發配我全家到西蜀。我知東窗事發，大事不妙，只好喝毒酒自盡。

記：你這叫自作自受，正當的富貴不會享，非要旁門左道想歪點子，謀皇家之位。

呂：我教秦王自稱始皇帝，繼而二世、三世……如此我的子子孫孫，萬世一系爲中國帝王。

記：哪曉得人算不如天算，始皇帝死後，傳位二世不到三年，天下大亂，秦朝敗亡。

呂：所謂「竊秦之爵，千駟之富，不足貴也！」枉費一番心機。

《呂氏春秋》千秋萬世

記：……，帝王之業雖趨於夢幻，但您的《呂氏春秋》可名傳後世。

呂：那是我和我門下賓客合作的一部書。

記：既然是集體創作，那內容定然可觀。

呂：它是集儒、道、墨、法、名、農、陰陽、縱橫各家學說的經典之作。

記：您爲何要寫這麼大部著作？

呂：因爲我深深的知道，行商作賈可以使我致富，但不足以入貴；帝王將相之業可以使我入貴，但不能使我不朽；唯有著書立說，方使我永垂不朽。

記：眞有這檔子事兒？

呂：君不見歷史人物，除了秦始皇、隋煬帝等以「工藝」成品——萬里長城與大運河，揚名立萬外；其餘的人物都以文字作品，流傳後世得以不朽；陶淵明、李白、杜甫、韓愈固如此，連諸葛亮、岳飛、文天祥、史可法也都以作品流傳後世而得名。

記：眞的！要是沒有〈前後出師表〉、〈滿江紅〉、〈正氣歌〉與〈復多爾袞書〉的話，前述的人物，還不是與草木一樣同朽。

呂：當然我編《呂氏春秋》最重要的還是爲政治與行政立下一個典範。

記：《呂氏春秋》到底寫些什麼？

呂：全書諄諄告誡政治領袖人物必須「貴公、貴信、去私、知士、察賢、貴卒、順民、審分、審時、知分……」

記：換句話說《呂氏春秋》這部書是寫給您兒子——秦始皇看的了？

呂：答對了！可惜他自恃其才，一意孤行；不信功臣，不親士民，廢王道、立私權、不守誠信……。

記：結果不二世而亡。

呂：眞是白費我一番苦心。

記：這部書有得賣嗎？我要買一部送給L總統當「高爾夫」一桿進洞的獎品。

呂：他看得懂文言文嗎？

記：可以請司馬遼太郎先翻成日文。

呂：中國人看中國人的作品，還得通過翻譯品？

記：您才知道噢！有時候連中國人說中國話，另一個中國人也不見得聽得懂！

呂：那太誇張了吧！

記：譬如說：「一個中國」四個字，彼此各解各的，還得請美、日兩國專家一再的翻譯與解釋。

呂：啊！

——99′．2刊於《國文天地》一六五期——

治世之能臣　亂世之奸雄

～曹操訪問記～

曹操——我國歷史上最受爭議的人物之一。他出身卑微，乃宦官太監之後，但他力爭上游，二十歲即受州郡薦舉爲孝廉，從騎都尉到典軍校尉再到奮武將軍……。他深知，處在亂世末紀，唯有從軍帶兵，才能青雲直上；當然，他也不忘讀書，多方結交像許劭、橋玄、何顒等碩學士族，包裝他的形象，擺脫他「閹宦遺醜」的出身。

建安元年（西元一九六年），年方十六歲的獻帝，從長安董卓殘部李傕、郭汜手中，逃歸洛陽，四十二歲的曹操親往洛陽迎接獻帝，繼而遷都許昌，這是他一生中最得意的投資。從此，他「挾天子以令諸侯」，他任丞相（建安十三年），封魏公（建安十八年）加贈九錫、自晉爲魏王獨當一面（建安二十一年），隨心所欲。建安二十五年，操死，他的兒子丕受禪爲魏文帝，父以子貴，追贈操爲魏武帝。綜觀中國歷史人物，從來沒有像他那樣在六十六年生命史中，從社會階層的谷底，一路經出將、入相，到封公、立王、尊帝，一帆風順，水到渠成；但他身受名教洗禮，始終未及身而篡。連輔成王、誅管蔡的周公都會「一沐三捶胸」、「一飯三吐血」，嫉妒得暴跳如雷。

就「己身」而言：曹操寫得一手好字、作得多首好詩，父子三人才高八斗，註過《孫子兵法》，著過《孟德新書》，文武雙全，精通謀略；就「齊家」而言，曹操是個模範父親，二十五個兒子中，有文學家、科學家、政治家、軍事家、數學家……歷來做父親無出其右者；就「治國」而言，征烏桓、伐匈奴，安定北方，至少使五胡亂華延緩了五十年，爲中華民族保存了更多的生機。

像這樣集立德、立功、立言於一身的一世之雄，京劇中出現的竟是抹白鼻帶疏鬚，一臉奸詐還帶小丑狀；在《三國演義》裡，羅貫中把曹操塑造成集狡詐、陰險、殘忍、無行、無德之大成。即令曹操跳進黃河也洗不乾淨。

今天讓我們一訪曹丞相，還他一個公道，看他怎麼說的。

從卑微到富貴

記：孟德先生，您好！難得見您這麼悠閒。是什麼風把您吹來了？

曹：我註釋《孫子兵法》告一段落，一陣孔明的赤壁「東風」把我吹到這兒。

記：謝謝您接受我們的訪問。一千八百餘年來您被羅貫中先生，在《三國演義》裡極其侮蔑、抹黑之能事，使您成為《北港香爐人人插》痛恨與唾罵的人物，您既不按鈴申告，亦不為文辯白，豈不太便宜了他。

曹：無聊文人，煮字療飢之輩，懶得跟他計較。

記：以您父子三人才高八斗的文采，就是十個羅貫中也是不敵！

曹：他吃飽飯沒事做，可以死纏爛打；而且論戰的結果，只會提高他的知名度，豈不中了他的詭計。

記：本刊為主持正義，特闢版面，讓您說個明白，可好？

曹：一筆糊塗帳，也不知從哪說起？

記：聽說您是宦官太監的後人？

曹：是的！我祖父曹騰是歷事四朝的太監，到了桓帝時升任太監總管，還封過費廷侯。

記：太監不是沒有「那話兒」嗎？怎麼會有子孫呢？

曹：可是我父親夏侯嵩不是宦官。

記：那怎麼跟曹騰扯上關係呢？

曹：因為曹騰位高權重，才投身曹騰做養子。

記：那真難為了令尊，為了享受榮華富貴，竟然投身宦官之家。

曹：其結果還是值得的！我父因而在靈帝時任大司農（相當於今農委會主委）和大鴻臚（相當於現在總統府典禮局局長）；而且還曾經納捐一億元，當過短時間的太尉（為三公之一，相當於參謀總長）。

記：這不稀奇，買官鬻爵，自古即有，於今為烈罷了。

曹：何以見得？

記：如今只消化個二億元，可選個立法委員；或者乾脆奉上個五、六億，全國性不分區立委，便是囊中取物。

曹：這樣比起我們那個時代還要惡劣！

記：您没聽說過「有錢王八當大爺」。有錢的話判了死刑，還可以保外就醫，參選縣長，競選立委呢！

曹：這叫「人不分古今，地不分南北」，天下烏鴉一般黑。

記：雖然人家在背後呸您「閹宦遺類」；事實上，您們家大、業大，雄霸一方，顯赫一時。

曹：對！除了我祖父歷順、沖、質、桓四朝權宦，在桓帝時做過中常侍大長秋（太監總管）；我叔叔曹褒官至穎川太守；堂兄弟曹熾、曹鼎等分別幹過侍中、校尉及尚書令等官；至於他們的子弟，即使不做官也都大富大貴，僮、僕等數以百計，有時，還有千名以上的家兵。

記：總之，曹騰父子兄弟，並據州郡，各霸一方，足以牽動時局。

任俠放蕩　不治行業

記：說說您小時候的事情！

曹：我名操，操者操守也，即品德端正之意，又因排行老大，所以字孟德。因爲從小喜歡騙人，小字叫「阿瞞」。

記：何以知道從小喜歡騙人？

曹：我小時候很頑皮，跟一群紈袴子弟，成群結黨，雅好飛鷹走狗，整天整夜遊蕩無度。

記：有如現在的飆車族，後頭載著拋鑰匙配對來的女友，呼嘯街頭巷尾。

曹：雙親每天擔憂得不得了，又給我取了個「吉利」的名字。

記：您說您怎麼個騙人法？

曹：我叔父最看不慣我每天遊手好閒，常打我的小報告。

記：您如何治他？

曹：一天路遇叔父，趕緊學胡瓜歪嘴斜眼的「大便臉」。

記：您叔父見了豈不嚇了一跳。

曹：他緊張地問我怎麼了？我哭著告訴他說中了風邪，從此見不得人了。

記：他當然立刻跑去告訴您爸！

曹：等我爸見到我一切正常，我才告訴他，叔父向來不喜歡姪兒，到處說我壞話。

記：從此您再也不用擔心，叔父在令尊前打小報告，即使說了他也不

會相信；這豈不是惡人先告狀，做賊喊抓賊！

曹：一下子除去了一個眼中釘。

記：您的小字「阿瞞」大概就是這麼來的——一個小時候十足無賴、到處說謊的小太保。

「寧我負人，勿人負我」的自利主義

記：靈帝中平六年（西元一八九年）董卓任命您爲驍騎校尉，您爲何不就？

曹：因爲我看董賊瞞天欺人，驕狂自大，不是東西，最後一定敗亡，到時免得被連累！

記：最後他果然被呂布給斃了。

曹：當時我變姓易名，準備逃回故鄉。

記：您的故鄉是？

曹：沛國譙郡（今安徽省亳州）。

記：董卓有沒有派人去追您？

曹：有啊！他「遍行文書，畫影圖形」捉拿我，我從洛陽、鞏縣、滎陽逃到鄭州，正向開封途中，在中牟地方被亭長識出，捉到縣裡。

記：縣長陳宮是您舊識，不但放了您，而且還跟您一起逃亡。這就是京劇裡的「捉放曹」的故事。

曹：想來是吧！

記：後來呢？

曹：我們倆跑了三天，來到成皋地方，看看天色已暗，就去投宿我父的結拜兄弟姓呂名伯奢的。

記：在通緝令下伯奢還留您們住宿過夜？

曹：當然囉！誰叫他是我父義結兄弟。他叫家人作菜備飯，自個兒騎驢到西村沽酒去了。

記：您們吃了一頓豐富的晚餐？

曹：我倆在客廳喝茶，聽到後院子有磨刀聲。聽到伯奢的家人說：「先綁起來，才殺！」

記：要殺您們兩人？

曹：我和陳宮二人拔劍而入，把伯奢的五個兒子，連家人不分男女一家八口全宰了。

記：宰完了才知道原來他們要殺豬給您們吃。您的疑心病也未免太重了。

曹：我們二人趕緊騎馬出村子繼續逃亡，才逃了二里，見到呂伯奢，正好打酒回來。

記：難不成連呂伯奢也一起殺了吧？

曹：免得他回去一見全家人被殺，一定率眾追殺而來。

記：您這也未免太過分了，眞是狗咬呂洞賓不識好人心，不義之至。

曹：這叫「寧教我負天下人，休教天下人負我！」

記：陳宮呢？

曹：陳宮第二天就跑了。他怕第三天也做了我的刀下魂。

擊鼓罵曹　故作寬宏大量狀

記：擊鼓罵曹又是怎麼回事？

曹：有個叫禰衡的狂士，頗有點才氣，年紀輕輕才二十四歲就目中無人。

記：那跟您沒什麼關係，可以不理他。

曹：那時我正缺一書記兼使者，由於孔融的推薦，所以我才召見他的。

記：見面後呢？

曹：我爲了削削他的驕氣，並不命坐。他竟仰天長嘯說：「天地雖闊，何無一人也？」

記：您手下文臣武將如過江之鯽，怎麼會没有人呢？

曹：他眼中只有孔融和楊修二人；他還說我手下的人全是「衣架！」「飯囊！」「酒桶！」「肉袋！」

記：連軍師荀彧、將軍張遼也不在他眼中？

曹：他說：「荀彧可使弔喪問疾，荀攸可使看墳守墓，程昱可使關門閉戶，郭嘉可使白詞念賦，張遼可使擊鼓鳴金，許褚可使牧牛放馬，樂進可使取狀讀經，李典可使傳書送檄，呂虔可使磨刀鑄劍，滿寵可使飲酒食糟，于禁可使負版築牆，徐晃可使屠豬殺狗……。」

記：那您的堂兄弟愛將夏侯惇以及姪兒寵臣曹仁叫子孝的呢？

曹：夏侯惇是「完體將軍」（意即貪生怕死）；曹子孝是「要錢太守」。

記：像這樣不知死活的狂妄之士，您不殺他？

曹：禰衡向有虛名，遠近所聞，殺了他，人家會認爲我不能容人，顯得沒有風度，而且還便宜了他。

記：您要怎麼處置他？

曹：派他任鼓號樂隊的打鼓手，侮辱侮辱他，殺殺他的威風。

記：他接受了？

曹：想不到，他不但接受；而且在大庭廣眾之下，脫下全部衣褲，裸身而立，繞場一周。等到管理人員把鼓手的衣帽制服領來後，才從容換上新衣。

記：您有沒有很生氣？

曹：我當場大聲斥責他：「廟堂之上，裸露下體，成何理法體統！」他竟然回答說：「欺君罔上，才是無禮！我露父母之形，以顯我清白之體！」

記：裸露下體算清白，什麼才算污濁？

曹：他對著我說：「汝不識賢愚，是眼濁；不讀詩書，是口濁；不納忠言，是耳濁；不通古今，是身濁；不容諸侯，是腹濁；常懷篡逆，是心濁……。」

記：原先您想污辱他，結果反倒被污辱了！

曹：眞是「衰」死了。

記：您不殺他？

曹：我還派他到劉表處去做說客。

記：您怎麼這麼寬宏大量。

曹：「借刀殺人」聽過沒？我料定他必然禍從口出，不得好死；不死在劉表手上，也會死在他人手上。

記：最後他死在何人手上？

曹：他終於死在黃祖手上。

記：您還眞「陰」啊！

丞相非夢中　君乃在夢中

記：您待人處世刻薄寡恩，做人做事陰險狡詐再加上欺君瞞下、濫殺無辜，您不怕得報應？

曹：我拳打閻王，腳踢上帝，怕什麼報應；而且那是下輩子的事情。

記：難道您不怕現世報——人家下毒手暗算您！

曹：這個我當然害怕。

記：您如何預防意外的發生？

曹：我用「意內」來防「意外」。

記：没聽過。

曹：我有一次公開的聲言，如果有人暗中想謀害我，我每每心中有預感。

記：然後呢？

曹：我就叫一個貼身衛兵，暗藏兵器來到我身邊。

記：然後您就說有預感他身藏兵器，叫人搜身果然身藏兵器。就把他殺了。

曹：這下大家都相信我有預感。

記：其實這都是您事先套好招的！倒楣的是那個士兵，還以爲套招後有賞可領。

曹：他只好到閻王處去領賞了。

記：全天下没有像您這麼詐的人了。

曹：還有一次，我公開的宣稱，我在睡夢中有殺人的壞習慣，警告大家千萬別在我睡覺時靠近我！

記：敢情您又在自導自演了。

曹：有一天我假裝睡著，故意把被子踢下床，一個近侍跑來替我蓋被子，我順勢把他砍了，繼續假裝再睡。

記：您醒來後呢？

曹：我大發脾氣！「誰把我最心愛的侍衛殺了！」

記：大家都說丞相在夢中殺了人。從此再也沒有人，敢在睡夢中接近您。

曹：我還爲這士兵辦隆重的喪事，並且親自祭拜弔唁，以示隆重。

記：從此，大家都以爲您眞的在夢中會殺人，沒有人敢接近您。

曹：只有楊修最可惡、可恨又可愛。

記：他怎麼了？

曹：他也跑去祭拜，讀祭文時有這麼一句：「丞相非夢中，君乃在夢中耳。」

記：別人都聽不懂，只有您們兩人心照不宣。

曹：對！對！

既生曹操　何生楊修

記：您剛才說楊修可愛、可恨、又可惡，是怎麼來著的？

曹：楊修太聰明，可愛的是常知道我心中在想什麼，可惡的是常不給我面子，最可恨的是往往使我下不了台，教我如何面對部下發號施令。

記：說來聽聽！

曹：我當丞相時，有一次整修丞相府，主體結構大致完成時，我去視察。

記：是否因爲要晉封魏王？

曹：有這麼回事。

記：看完了，您作什麼指示？

曹：我只在大門上寫了個「活」字。

記：什麼意思？

曹：當時也沒有人能猜得到這個啞謎。

記：楊修猜到了？

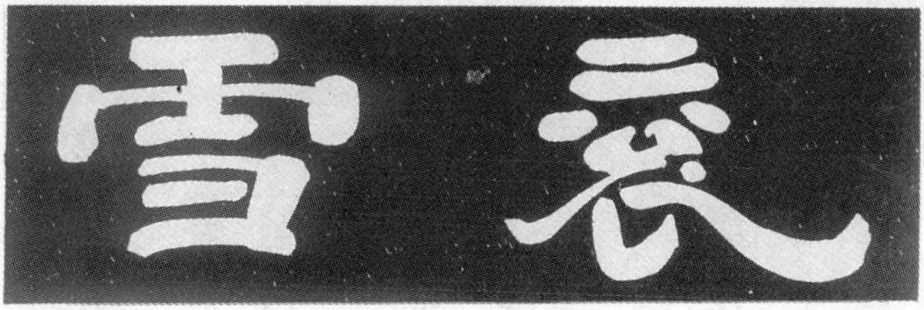

傳爲曹操的書法作品「衮雪」（刻於陝西褒城褒水中巖石）

曹：楊修下令將大門拆掉，說大門太大了，王氣會跑掉。

記：他怎麼猜得到？

曹：門中一個活字，豈不是「闊」嗎？

記：好貼心的總管。

曹：不過他有時候眞的「很皮」，很會作弄人。

記：怎麼個作弄人法？

曹：有一次匈奴使者，送我一盒奶酥餅，美味可口，我吃了一口捨不得吃，再把它包好，並且在盒子上寫「一合酥」三字。

記：打算第二天好好享受一番。

曹：哪曉得第二天，酥餅全沒了，只剩下空盒子。

記：誰這麼大膽，敢吃丞相的「私房餅」。

曹：竟然是楊修叫大家吃的！

記：眞是膽大包天，不想活了。

曹：楊修指著空盒上的三個字，說丞相有令「一人一

口酥」，屬下等不敢違背！

記：那您眞是有口難言，使您無從發脾氣。

聰明反惹殺身禍

曹：他雖然淘氣，但他的聰明，絕不是一般人所能及的。

記：何以見得？

曹：有次我和他騎馬從曹娥碑下過。

記：曹娥碑？

曹：曹娥乃東漢孝女，母溺死、不得屍。曹娥沿江晝夜號哭，後投江而死，負屍而出。縣長爲其改葬立碑鐫碑文。文學才子蔡邕夜讀碑文，題「黃絹、幼婦、外孫、虀臼」八字讚辭。

記：什麼意思？

曹：我當時也不知道，問楊修知道否？

記：楊修說知道。

曹：我邊走邊想，等我走了三十里路遠才想到是「絕妙好辭」四字。

記：楊修比您聰明「三十里」！

曹：最後還死在他的聰明上。

記：怎麼會？

曹：建安二十三年，與劉備戰於斜谷界，連日雨水，進退不得，心中懊惱，猶豫不決！

記：進兵怕失利，退兵又怕被蜀兵恥笑。

曹：夏侯惇入帳請示當夜「口令」，我正在啃雞肋，隨口說：「雞肋！雞肋！」

記：雞肋肉很少，倒也啃得津津有味！

曹：等我吃過晚飯，才發現軍士們都在打包收拾行李，準備歸程。

記：誰這麼大膽下令退兵？

曹：又是楊修！

記：楊修怎敢？

曹：楊修說魏王傳「雞肋」口令，就是要退兵的意思。

記：為什麼？

曹：因為雞肋「食之無味，棄之可惜」，最後還是要丟掉。

記：這下楊修闖下「造謠言、亂軍心」的大禍了。

曹：隨即喝令刀斧手推出斬之，將首級懸在轅門外。

記：楊修固然是恃才傲物，但您也未免心胸窄了一點，容不下比您聰明的人；而且殺人也殺得太濫漫無標準。

曹：亂世用重典，也有不得已的苦衷。

記：當年那個狂妄之徒禰衡，在大庭廣眾之下，面對面羞辱您，您竟然不殺他；而楊修跟隨您多年，就算沒有功勞，也有疲勞，爲了曲解一句「雞肋」一語，卻惹來殺身之禍。

曹：我是循名責實以權衡相馭。

記：您連負侮辱之名，有見笑之恥，甚而不仁不義的人都可用，楊修這點小缺點算什麼。

曹：話可不是這麼說！禰衡雖然當眾羞辱我和我的屬下，他是不具公務人員身分的應徵者，他所犯的罪頂多是「毀謗罪」而已；但楊修不同，他具有公務員身分，犯的是「妨礙軍機罪」。

有篡奪之實　無篡奪之名

記：曹丞相，您自三十五歲在陳留起兵討董卓，憑著赤手空拳在三十年間建立了一個「有帝國之實，而無帝國之名」的大事業，實在不是等閒之輩，您成功的秘訣何在？可不可以讓我們分享。

曹：嗯！大致說來，我是個唯才是用，賞罰分明，尚實際不務虛名的人；另外，我在關鍵時刻，常表現出超人的果斷力。

記：請舉例說明。

曹：我於建安五年官渡之戰統一了北方，到建安十三年獻帝任我爲丞相，我已獨專漢政，到十八年獻帝劃冀州十郡地爲魏國，封我爲魏公定都於鄴，建社稷宗廟，置尚書、侍中及六卿；從此，後漢的政治中心，已由許都移至鄴都。

記：其實從建安十八年，您已經是漢帝國實際統治者，第二年您還殺帝后伏氏全族，接著又把您第三個女兒許配給獻帝，您一下子變成天子的老岳丈，有這回事兒？

曹：有啊！

記：建安二十四年孫權還上書恭請即帝位，您何不乾脆廢了獻帝，自己稱帝算了；反正「曹孟德之心，路人皆知」了。

曹：記者先生，您有所不知。我這一稱帝，不知天下多少人也會稱

帝。

記：孫權就是一個，劉備早已虎視眈眈。

曹：您知道就好了。

記：這麼說來，您還是有所顧忌的，絕非所謂肆無忌憚。

曹：……。

——99′．1刊於《國文天地》一六四期——

盡忠竭志　雙雄浴血

——張巡、許遠訪問記——

張巡，唐朝孟州南陽（即今河南省孟縣）人，是韓愈的小同鄉。韓愈為他寫過〈張中丞傳後敍〉一文，以紀念他的忠烈。文天祥在〈正氣歌〉中，特別提起「為張睢陽齒」，也為他兵敗、不屈、罵敵至齒落，被執而身亡，記上一筆。

張巡，玄宗開元年間進士，曾任清河令（在今河北省），因功拜御史中丞，世稱張中丞。玄宗天寶十四年（西元七五五年）安祿山反，攻陷京師長安，玄宗攜楊貴妃西奔入蜀。此時主走國危，河北州縣各將領，或擁兵觀望，或棄城逃竄，或望風投降，不一而足。

唯有張巡、許遠二人合守地扼（長）江、淮（河）、（黃）河的中樞軍事重鎮——睢陽（宋州州治，今河南省商丘縣）城中士卒

萬人，居民三、四萬人。叛賊派悍將尹子奇以十三萬之衆圍之，從至德元年（西元七五六年）十二月始圍，經十個月，城中無食、羅雀掘鼠、殺妾屠奴，無以爲繼。到至德二年十月，終告陷落。張巡、許遠、殘卒三十六人，百姓四百人，全部被俘，死事之慘，曠古未有。

現在，讓記者一訪圍城主角——張巡與許遠，一探究竟。

忠義雙雄　同生共死

記：張巡先生、許遠先生，兩位縣太守，怎麼今天會在一塊兒出現？

許張：我們兩人原就是同年生，睢陽城破之日，同時遇難，進一步的成了同日死的生死之交了。

記：難怪只要我 call in 您倆中的任何一人，出現的必然是兩人。

許張：誰叫我們兩人「雖非同日生，卻是同日死」的難兄難弟。

記：的確，不論是年齒、事功、忠勇……，您們兩位在青史上都難分上下。

許張：是的！是的！

記：說說您們兩人第一次是怎麼會面的。

張：我是孟州南陽人（今河南省孟縣）開元二十九年（唐玄宗前段年號，西元七四一年）考取的進士，先後任過清河、眞源兩縣縣令。

記：大縣曰令、小縣曰長，身爲十萬以上人口的父母官，正足以好好的爲國家做一番大事業。

張：可惜好景不長……。

記：怎麼了？

張：天寶十四年（唐玄宗後段年號，西元七五五年）身兼平盧、范陽、河東三節度使的番將安祿山造反。安祿山自幽州（今河北涿州）經趙州、過靈昌（今河南省滑縣西），渡河後連續攻陷陳留、滎陽、洛陽等地……。

記：流竄、游擊於現今隴海線上，準備過潼關直撲京都長安。

張：那時我是眞源縣（今河南鹿邑）縣令，我的駐防地正好在叛賊的後方。我在眞源率官吏哭玄元皇帝廟（唐時追號老子爲太上玄元皇帝），起兵討賊，得壯士千人，救援雍丘。

記：結果呢？

張：我到了雍丘正好碰到雍丘縣令，令狐潮出城降賊。

記：那您怎麼辦？

張：我率眾入城，堅閉城門拒守。

記：那令狐潮呢？

張：他反身合賊兵四萬人來攻雍丘。

記：這下完了，您才千餘人如何抵擋？

張：我白天堅守不出，夜晚出城突擊，予以重創，屢有斬獲。

記：可是這究竟不是個辦法，敵眾我寡，又無武器補充。

張：說的也是！於是有天夜裡，我教部下紮稻草人千餘個，套上黑衣、黑裳、黑帽子，沿城牆四周縋下並擊鼓吶喊。

記：夜暮昏黃，令狐潮看了豈不嚇了一跳。

張：他以爲突擊隊從天而降，慌亂中不敢出戰，只下令射箭。

記：孔明草船借箭在先，您是草人借箭在後。

張：事後我把草人扯起，得箭十萬餘支。

記：回頭用來射敵，這眞是一舉兩得啊！

張：過不久我又想出一個計策。

記：什麼計策？

張：又有一天，我令壯士百餘人，黑衣黑帽作稻草人打扮，縋城出擊。令狐潮的士兵，以爲我「狼來了」故技重施，並不射箭並相與訕笑。

記：結果呢？

張：突擊隊衝入敵營，大破賊寨，予以重創。

記：那令狐潮定然知難而退。

張：不，令狐潮知道城中虛實，決心全面攻城，運來百多門大砲轟城。

記：城樓上的護身牆，一定被毀。

張：我下令架木柵欄以代護身牆。

記：有用嗎？

張：叛軍藉機蜂擁登城，像螞蟻雄兵一般。

記：那怎麼辦？

張：我用乾茅草浸油脂，點火投下，燒得叛軍焦頭爛額，紛紛墜地而亡，損失慘重，不得不撤走。

記：您是文進士出身，怎麼懂得用兵，眞是神乎其技。

張：「需要是發明之母」，古人說：「窮則變，變則通。」没辦法啊！

記：後來呢？

張：賊將楊潮宗率騎兵、步兵總數二萬人，襲擊寧陵。寧陵縣令姚誾向外求救，這時我從雍丘出兵赴援。

許：我當時是睢陽縣縣令，也從睢陽出兵赴戰。

記：換句話說，三處會兵，裡應外合……。

許：殺賊萬餘人，投屍入汴河，河爲之斷流。

記：朝廷有没有對您們的戰功給予獎勵、獎勵！

張：皇上下詔擢升我爲河南節度副使。

記：那您們更加努力報效國家。

合守睢陽　共赴患難

許：至德元年十二月，安祿山手下悍將尹子奇率眾十三萬來圍睢陽……。

張：我令部將廉坦代守寧陵，親率士卒三千人，自寧陵救援遠在四十五里外的睢陽。

記：當時睢陽本身有兵多少？

許：三千八百人，兩者合起來六千八百人。

記：以六千八百個兵對抗十三萬敵兵，您們是怎麼抵抗法？

許：由於張巡兄素諳武略，又有膽識，更有陣地戰經驗；而我本人爲人寬厚懦弱，又不習兵，所以將指揮權讓給張巡兄。

記：您有沒有搞錯？睢陽太守是您許遠，張巡不過是來救援的，他怎麼可以「鳩占鵲巢」呢？

許：這是我自願的，兩人分工，互補短長，各得其所。

記：怎麼說？

許：我管後勤、軍糧並守備後衛——城西南，張巡兄管戰鬥，籌畫前鋒——東北方位。

記：戰果如何？

許：合兵才半月，出城突擊大小戰役達二十餘回，生擒賊將六十多人，殺士卒二萬多。賊兵夜遁。

記：暫時解圍了？

許：但是我們沒有外援，也不能棄城而走，第二年二月尹子奇又領更多的軍隊來圍。

張：我乘尹子奇布陣未定之時，率城中敢死隊數百人出擊。敵軍看見我突擊隊人數寥落，頗有輕敵之心，相與大笑。

記：結果呢？

張：一陣衝殺之後，賊兵大潰，斬將三十餘人，殺士卒三千餘人，追趕至數十里外；不過……。

記：不過怎樣？

張：第二天他們又聚集來攻。

許：就這樣打打圍圍，圍圍打打。

張：雖然我每次突圍，都大有斬獲；但是不可否認的是：城內守軍只減不增，而外面圍城的賊軍卻日益增多。

記：還有糧食、軍需、給養的問題呢？

許：到至德二年七月，城內糧食已漸感不足，每人限額日配米一合摻茶葉、樹皮、棉紙，混合煮著吃，又沒有外援。

張：士兵作戰死亡的，加上營養不良病死的、餓死的，只剩下一千六百人。

記：敵人是否仍然一波一波的前來攻城？

張：他們分別用雲梯、用衝棚、用木驢、挖三道濠溝灌水……無所不用其極，我分別用鉤柱、用火攻，用鐵水（熔化的金屬液），造木柵……等方式，一一破解抵禦之。

記：您們雖然用智取死守之，但時間卻對您們不利。

張：對方採消耗戰「以時間換取空間」，對我非常不利。最後我只剩下士卒六百餘人，而且全是一些傷、殘、病、弱之人，加之乏糧，實在無法支撐。

記：何不向外求救兵？

張：有啊！我派南霽雲率僅有的健卒三十人衝出重圍，到附近的臨淮縣河南節度使賀蘭進明處求救兵。

記：賀蘭立刻出兵？

張，賀蘭為保持自己實力，而且他認為睢陽已經沒有救援的價值，不肯出兵。

許：不過，賀蘭特愛霽雲的勇敢、健壯，以酒食、歌舞招待霽雲並強留之。

記：南將軍留下了？

張：霽雲知道求救兵無望，在宴會中慷慨激昂的說：「我來時，睢陽的人，已斷食一個多月了，現在我雖想獨食，道義上是吃不下，即使吃下也咽不下，即使咽下，也會消化不良的。」說完用力咬下一指，鮮血淋漓的放在碟子中，傳送給賀蘭，全座的人大驚失色。

記：後來呢？

張：霽雲知道賀蘭無意出兵，只好騎馬離去，臨出城時朝佛塔射了一箭，箭没入磚中半支，發誓說：「我若回去能破賊，定然回頭滅賀蘭，這一箭是記號！」

許：霽雲接著又到寧陵處求救，與守將廉坦率兵三千來援。

記：終究是自己人，否則「死道友，嘸得死貧道」，才不會那麼熱心。

張：結果，這三千名援軍，且戰且行，至城下只剩千人入城。

糧盡援絕　羅掘俱無

記：這下全城的人都知道求救無望；而賊兵知道城中不再有救援時，更加緊攻城。

張：全城在食盡援絕情況下，只有慟哭！

記：既然食盡援絕，何不想辦法棄城東走呢？

許：睢陽乃長江、淮河兩流域的屏障，假若放棄，敵人必然乘勝長驅南下，江淮地區將全部淪陷。

張：而且一群老弱餓殘，根本走不動也走不遠。

記：俗語說：「民以食爲天。」吃的問題還是不能解決。

張：我們起初摻茶葉、棉紙與米一起煮，然後殺馬食，馬吃完了，再網鳥雀，掘鼠窩吃老鼠……。

記：聽說您還殺了姨太太給士兵吃？

張：哪有？是我姨太太肚子餓得受不了，吵著要自殺！

記：您也不阻止她自殺！俗語說：「好死總不如賴活！」

張：可是當您餓了一個多月，兩眼昏花、四肢無力時，方知「賴活不

如好死」了。

許：我底下的一些奴僕、佣人，在「吃人」與「被吃」之間，寧願選擇自殺被吃以成全別人。

記：這眞是人間曠世悲劇！

張：誰說不是呢？

記：除了「餓」以待斃之外，總應該有法子可想罷！

張：自古以來，凡爭戰之事，總不外：戰、守、和、走、降、死等六大途徑。身爲守城司令官，總不能倡議投降；戰走均無力；形勢在人，和也不可能；死守以待外援，是沒有辦法中的辦法。

記：您們殺人吃，是隨意殺還是有一定的次序。

張：當然有一定的次序，先吃婦女，再吃老弱男子……。

記：婦女同胞不抗議，老人不走上街頭？

張：沒有人抗議，在那種情況下，其實晚死不如早死。

記：爲什麼？

張：早死早超生，晚死活受罪。

記：最後呢？

許：全城只剩四百人，眼睜睜的看著賊兵從西南角登城而入，卻不能起而應戰，官兵士卒包括南霽雲、雷萬春等三十六人，全數被俘遇害。

城破被俘　罵賊而死

記：據說您在被俘受捆綁之際，還從容不迫，起來轉轉視察部屬（「巡起旋」）。

張：這是不可能的！我只是「起旋」——就是閩南語的破口大罵賊人。我的部下看到我罵賊，有的也跟著罵（膽子大的）；有的不敢罵（膽子小的）只好低頭飲泣（及城陷，賊縛巡等數十人坐，且將戮，巡起旋，其衆見巡起，或起或泣）。

記：所以您最後才說：「你們不必害怕，事到如今，死是命定的，罵敵固然死，不罵最後也是死。」（汝勿怖！死，命也。）

記：結果果眞如此！

許張：爲國家效忠，爲主上赴死，是人臣的本分，我們死而無憾！

記：可憐一介文弱書生，二個七品小縣長，率領六千猝合之衆，扼敵要道，以抗十三萬之大敵，盡忠竭智，至死不渝，實在令人敬佩。

許張：謝謝，謝謝！這是我們心甘情願的。

記：可是您們有沒有想過：昇平之日，升官發財的機會一點都輪不到您倆，到了亂世戰時卻要您們擔負起救亡圖存的重責大任；而那些皇親國戚、公卿將相，平日享盡榮華富貴。一味只知諂媚迎合，及到有事，個個偷生苟活，降賊稱臣，其作爲犬馬不如。這個世界公平嗎？您們兩人的擔負也未免太重了一點。

許張：事實上朝廷並未虧待我們，我們也得到應有的尊崇，除了「淩煙閣」上有我們的畫像外，還爲我們蓋「雙忠廟」以資祭祀（連台灣都有）。

記：人都死光光，有個屁用！哼！

許張：……。

——99′・10刊於《國文天地》一七三期——

愛國無賞　效忠有罪

～岳飛訪問記～

自秦漢以來，文臣武將，代不乏人；但求其文事武略、仁智兼備如宋朝岳飛者，則直如鳳毛麟角。史稱關雲長通《春秋左氏學》，然未見其文采；諸葛亮雖以「武侯」謚，實未見其軍功武術；成吉思汗「只識彎弓射大鵰……」。岳武穆天性至孝，精忠報國，「文崇諸葛」，「字效眉山」，更以「文臣不愛錢，武臣不惜死」自我期許，實爲千古名將忠臣，但最後成爲和談政治的祭品，屈死風波亭下，確爲人間一大憾事。現在透過越「陽」電話訪問岳將軍，看看他有什麼話要說……

岳母姓啥？

記：岳將軍您好！今天是農曆二月十五日，欣逢您八百九十六歲生

日。希望將軍能接受我的訪問，披之於媒體，使一代民族英雄的英勇事蹟，深植人心，永垂不朽。

岳：好說！好說！但不知從何說起？

記：您是哪裡人？

岳：河南省湯陰縣人。

記：那是安陽縣殷墟附近，在黃河北岸，湯水之南。

岳：我父親單名和，是個貧農出身；母姚氏。

記：唉！您怎麼不早講，您母親姓姚。

岳：現在講也來得及啊！

記：如果您早點講，我至少可以少吃一記耳光。

岳：怎麼說？

記：記得讀小學四年級時，有一次班上舉辦社會科機智問答擂台賽……。

岳：什麼樣的問答擂台賽？

記：全班分兩隊，各以歷史知識考問對方。

岳：結果出了什麼醜事？

記：對方問：「岳母姓什麼？」

岳：您如何回答？

記：我一時情急，就回說等我結了婚，才知道岳母姓什麼。

岳：這不也是個搪塞的方法啊！

記：哪知老師認爲我故意搗蛋，就賞了我一個巴掌，打得我頭冒金星。

岳：這老師也未免太那個了；您爸爸有沒有出面告他，要他道歉、悔過、上報，然後再叫他拿出新台幣二百萬做爲精神賠償？

記：咳！眞是此一時彼一時也！當學生時，理所當然的吃老師巴掌；後來大學畢業才當一年的國中老師，卻吃家長的一巴掌……，搞不好學生都會打我巴掌。

岳：所以您改行當記者了。

名諱字號

記：您的名字呢？

岳：名飛，字鵬舉。

記：可有什麼出處？

岳：據說我娘生我時，有隻大鵬鳥飛鳴於寢室之上，因而單名飛，字鵬舉。

記：我讀過您的〈滿江紅〉，看過您寫〈出師表〉的書法，覺得您是個很有學問的人，想必是進士出身吧！

岳：我小時因家貧，無力就學，只在母親教導下讀過《千字文》，並練過毛筆字；十歲時入私塾跟陳廣老師讀了半年書兼習刀法、槍法；以後就在母親指導下力學五年。

記：您可眞是政府「自學方案」下的「優秀學生」；身爲乙員武將，您一定中過武狀元吧！

岳：也沒有。十六歲那年拜周同爲師練劍術，習《孫吳兵法》及《左氏春秋》。

記：聽說您有神力，和項羽一樣力能扛鼎。

杭州西湖岳王廟

岳：不見得。不過從小務農，很有點蠻力，可以單手挽弓三百斤，使弩八百斤，而且左右手均能射。

記：您是名副其實的大力士兼神箭手。

三十功名塵與土

記：您幾歲從軍的？

岳：二十歲（宣和四年，西元一一二二年）那年，河北地區土匪作亂，「眞定宣撫使」劉韐奉命募兵討伐，我應募投軍，從此步入軍旅生活的不歸路。

記：歷時多久？

岳：前後餐風露宿歷二十年，轉戰黃、淮、江、漢達十七省市之廣。

記：這二十年中您爲趙家王朝立了不少汗馬功勞吧！

岳：不敢！不敢！我這一生安內方面計有：平定戚方、淮南以及楊么之亂；攘外方面計有：收復建康、襄陽、伊洛以及郾城、朱仙鎭之捷。

記：其中您最得意的是哪一仗？

岳：是在紹興十年（西元一一四〇年），金兵分四道入侵，其中金主

兀朮親率「拐子馬」來攻。

記：何謂「拐子馬」？

岳：那是金兀朮親自訓練的鐵甲馬隊。每三人一組披以盔甲鐵衣，並以牛皮串聯，勇往直前，銳不可當。

記：數量是多少？

岳：總共一萬五千人。

記：那豈不相當於五千輛現代裝甲車隊。

拐子馬配備圖

岳：幾乎全身無懈可擊。

記：那您怎麼辦？

岳：這拐子馬雖然兇猛無比，但四條馬腿卻裸露在外。

記：於是您就令步兵以竹竿紮上鐮刀，低頭前進只顧砍馬腳。

岳：而且只要砍傷一隻馬腳，同一組的三隻馬全不能動彈。

記：拐子馬因而全軍覆沒。

岳：使得金兀朮痛哭流涕，他那戰無不勝，攻無不克的法寶，全毀了。

記：隨後呢？

岳：我趁勝追擊到朱仙鎮，距汴京開封才四十五里。

記：金兵一定軍心大亂，準備北撤，正好達成您「痛飲黃龍，收復兩京，迎回二帝」的夙願。

岳：這是一場惡仗，殺死了金兀朮的女婿、三品上將夏金吾和千戶五人，俘虜軍官眾多。

記：殺得「人成血人，馬成血馬」，因而有「撼山易，撼岳家軍難！」的感嘆。

岳：不意正準備渡河收京之日，一連接奉十二道班師之金字詔牌，結果功虧一簣。

記：「將在外，君命有所不受」古有明訓，您大可在收復汴京之後再班師回朝。

岳：我大宋自太祖「杯酒釋兵權」厲行中央集權以來，最忌將軍不聽約束，脫韁而去，所以無論如何，我必須班師回朝，以示忠貞。

欲加之罪　何患無詞

記：班師以後怎樣了？

岳：我的一位部將王俊，告我三大罪狀：一、爵高祿厚，志滿意得，日益頹惰；二、淮西之役，逗留不前；三、公然對將佐倡言，山陽不可守，沮喪士氣，動搖民心。

記：到底有沒有這碼子事？

岳：關於第一點是欲加之罪，何患無詞。

記：那第二點呢？

岳：由於目疾昏痛，不能視物，淮西之役，累奏請辭，未蒙允准。後來目疾稍癒，即行提兵九江，軍未至而淮西亂事已平。

記：至於第三點呢？

岳：事關戰略，非外行人所能瞭解。

記：審判進行過程呢？

岳：以「企圖謀反罪」起訴。

記：天下竟有這等事，天理何在？

岳：我扯開背心，以背上「盡忠報國」四字，表白心跡。

記：「盡忠報國」四個字，怎麼來的？

岳：那是我二十五歲時，家母在我背上刺的字，而且刺得很深，早已嵌入皮膚內。

記：他們不採信？

岳：儘管他們親眼看見，但還是判我斬刑，判岳雲三年徒刑。

記：求刑的理由是……？

岳：莫須有！

記：爲什麼叫「莫須有」，意即不必具備理由？

岳：因爲這是聖上的意思。

記：那豈不是「行政干涉司法」，檢察官爲何不串聯舉行記者會，要求法務部（大理寺）公開澄清！

岳：君主專制時代，哪有這款代誌！

記：案子最後是如何定讞的？

岳：大理寺在「取旨裁斷」後，送達聖上，御筆在當天批示：「飛特賜死，岳雲等人並依軍法施行，令楊沂中監斬，仍多差將士防護。」

記：可見宋高宗對於您父子二人，十分恐懼又仇恨，必欲置之死地而後快。

岳：我也不知道聖上爲什麼有了一百八十度的轉變。

記：怎麼個轉變法？

伴君如伴虎　生死由人喜怒

岳：我從二十歲從軍，在將近二十年當中，轉戰大江南北、黃河上下十七省市，每戰必捷，光復建康（南京）、底定中原，奠定南宋一百五十餘年的基業。

記：您的確是高宗的愛將，如果不是您的話，建炎三年（西元一一二九年），高宗早在溫州成爲金兵的階下囚了。

岳：聖上於紹興三年秋，還御賜「精忠報國」獎旗一面，讓我收藏，以示鼓勵。

記：在大理寺受審時，您有沒有把那面「精忠報國」的旗子show給他們看？

岳：給他們看了，連皇上親賜的書札都呈堂做證。

記：高宗的御札上寫的是什麼？

岳：「覽卿奏……備見忠義之氣，通於神明，卻敵興邦，唯卿是賴……。」「今國家艱難，非卿等數軍，朕孰與圖復中土者耶！」「中興之事朕一以委卿。」

記：結果他們都不採證？

岳：他們一致推說：「這是聖上的意思。」

記：您就這樣屈死於風波亭。

岳：我岳飛一生，「只知有朝廷，不知有個人」。

記：您也太沒有政治頭腦了。

岳：此話從何說起？

記：您知道什麼叫做「不求勝利的戰爭」。

岳：就兵法而言，戰必全勝方可以戰，哪有不求勝利的戰爭，那還打什麼仗，戰爭乃死生存亡之道，不可兒戲。

政治太可怕！政治太可怕！

記：您知道您所謂的聖上，王位是怎麼得來的嗎？

岳：靖康二年，金兵攻陷宋國京城汴京，劫走太上皇徽宗及現任皇帝欽宗，此即有名的「靖康之恥」。

記：然後才輪到欽宗的弟弟康王趙構，在南京即位是爲高宗。此時起是爲南宋，但不久南京也陷落，高宗失魂落魄之餘，乘海船逃到溫州外海，才免於一死。

岳：後來端賴水師贏得勝利，以及諸將的努力，才將金兵趕回長江以北。

記：高宗希望宋朝的將軍們與金兵在長江以北、淮河以南地區對陣，以保住南方小王朝即可，而您岳家軍偏偏要「恢復故疆，收復二京，迎還二聖」。

岳：戰爭的最後目的，當然要收復故土，迎回二帝。

記：您有沒有想過「收復二

杭州岳王墓前的翁仲

京，迎回二帝」後，高宗豈不要失業了！

岳：啊！這一點我怎麼沒想過！

記：所以「聖上的意思」非置您於死地不可！

岳：現在我總算恍然大悟，當年我是死不瞑目，揮筆寫下「天日昭昭！天日昭昭！」八個大字。

記：其實這種不求勝利的戰爭多的是。西元一九五〇年的韓戰，聯軍統帥麥克阿瑟，決心揮軍北上，越過鴨綠江，轟炸中國東北。

岳：結果如何？

記：被總統杜魯門撤換，含淚而歸，以「老兵不死，逐漸凋零」鬱卒而死。

岳：還有別的例子嗎？

記：以後的越戰、波灣戰爭，莫不如此。

岳：美國打這種戰爭雖不在於求勝，總該有目的吧！

記：藉戰爭販售武器，以刺激景氣。

岳：這在《孫子兵法》上都沒有。

記：當然沒有，不幸卻被您碰到，算您倒楣。

岳：宋金和議初成，聖上連發十二道金牌，勒令「班師赴闕奏事」。

記：此時您心中作何感想？

岳：十年之功，廢於一旦！所得州郡，一朝全休！江山社稷，難以中興！乾坤世界，無由再復！唯有仰天長嘯。

記：最後您決定怎樣？

岳：此時張俊、楊沂各軍均撤，我變成孤軍深入江北，不宜久留；向聖上力爭北伐又無希望；反叛朝廷又非忠臣所爲。

記：最後您別無選擇，只好奉命班師。

岳：不然呢？

記：您有沒有聽過一句西諺：「不可把全部的雞蛋放進一個簍筐內。」

岳：什麼意思我不懂？

記：紹興十一年奉詔班師時，您帶兵兩萬駐守靖江。其實，您大可把您的大軍退至江陰駐守，並且將之「三七仔」。

岳：什麼叫三七仔？

記：您帶著六千軍隊班師回朝，另外的一萬四千名由您的公子岳雲掌領，繼續駐在江陰。這樣的話，朝廷對您也莫可奈何。

岳：我一直以爲聖上平日對我這麼好，我對聖上一片忠心他也應該了解才對！

記：其實政治上並没有什麼好人或壞人。

岳：您簡直善惡不分呢！

記：當兩人利害一致時，可以肝膽相照、攬腰拍胸、信誓旦旦，您是好人；當兩人利害衝突時，您是壞人，圍之、剿之、廢之，非殺之不可。

岳：聖上跟我到底是利害一致？還是利害衝突？

記：高宗即位後，前四年是爲建炎年間，此時國基未定，爲金所迫，亡在旦夕。這時，高宗與主戰的將軍們是利害一致的；但到紹興年間，大局初定，改越州爲紹興，改杭州爲臨安，小朝廷只求苟安，這時候將軍們還要「收復故土，迎回二聖」不識時務的話，君臣之間利害就衝突了。

岳：難怪我變成了「莫須有」下的冤魂。

記：您現在才知道！其實那時候您大可以利用班師回朝的六千官兵，發動一次宮廷政變，與岳雲裡應外合一定成功。

岳：這樣我豈不成了叛臣，遺臭萬年。

記：誰說天下一定是趙家的。一部十七史從趙、錢、孫、李到周、吳、鄭、王，皇帝還不是輪流做。岳家人除了安邦定國外，也可以立主建國，千秋萬世。

岳：不敢！不敢！

記：好一個飽讀聖賢書，儒家思想下的產物，至死不悟。其實能「以天下興亡爲己任，置個人毀譽於不顧」才是眞丈夫，何必斤斤計較於忠奸之分。您忠的是國家民族？還是一家一姓？莫名其妙！

岳：可是我在歷史上畢竟贏得了「天下第一忠臣」之名。

記：可是大宋江山卻亡於異族之手。兩害相權，孰重孰輕？

岳：政治太可怕了！政治太可怕了。以忠臣之名，陷我於不義。

記：我們爲您痛哭！歷史爲您飲泣！神州爲您嗚咽！

岳：……。

後記

岳飛節義忠勇，曠古未有，所至不擾，民不知有兵也。正所謂「凍殺不拆屋，餓死不打虜」，所向必克，寇敵聞之喪膽。其人格智、忠、孝、勇、義五德俱全。

智：滅李成、平劉豫、破金兀朮拐子馬。

忠：秦檜假十二道金牌召之，武穆明知其僞，然君之信符，義無不從。

孝：母爲刺「盡忠報國」未出痛聲，母有疾，藥餌必親嘗而後進；母歿，水漿不入口者三日。

勇：以八百軍破黃善、曹成五十萬眾。戰必身先士卒，所當者破，所擊者滅，此其勇也。

義：趙構每有所問，皆直言無隱，細奏始末，勝不言功，敗則請罪。

「青山有幸埋忠骨，白鐵無辜鑄佞臣」，西湖靈隱寺邊愁雲、淒雨、冷風……，正哭訴著這段歷史冤案！

——99'．6刊於《歷史月刊》——

前人種樹　後人納涼

～孫蔣對話錄～

中山先生歷十八年海外流亡生涯，經十次革命起義失敗，千辛萬苦，百折不撓，終於推翻滿清帝制，建立民主共和的中華民國。他在中華民國政府臨時大總統就職典禮，宣言「民族統一」、「領土統一」、「軍政統一」、「內治統一」、「財政統一」等五大方針。惜乎時不我予，天不假年，齎志以歿，然終其一生：與帝制者抗、與復辟者抗、與黷武者抗、與毀法者抗……。凡有破壞共和者，無不視爲大敵，而誓予掃除，其維護民主、自由、共和之決心，昭然在人耳目。

民國十四年三月十二日，孫中山逝世於北京鐵獅子胡同行轅，臨終尚微聲反覆呼喊：「和平」、「奮鬥」、「救中國」等語。是時最爲中山先生親信之幹部，莫如：胡漢民、汪精衛、廖仲愷、許崇智與蔣介石等人。六月十四、十九兩日，由留守廣州代行大元帥職權的胡漢民，於大本營召集中央政治委員會議，商組成立國民政府：汪精衛（兆銘）當選國民政府主席，胡當選外交部部長（原爲代理大元帥）、許崇智爲軍事部部長、廖仲愷爲財政部部長、工人部部長兼黨代表；接著又推定汪精衛爲軍事委員會主席、蔣介石等爲委員。

國民政府成立，未及兩月，廖仲愷竟於八月二十日上午九點四十五分出席中委會時，在中央黨部大門內遇刺身亡，兇手陳順當場被捕，搜其身有粵軍南路司令部參謀長梅光培槍照，其口供：「廖仲愷是共產黨，所以打死他！」不久即被槍殺死亡，遂成無頭案。中央委員開臨時會議，議決：派許崇智、汪精衛、蔣介石等組織特別委員會進行偵查，結果竟以胡毅生（胡漢民堂弟）等四人及粵軍將領魏邦平等五人涉嫌最大。此種偵查結果，由於粵軍將領涉嫌，使軍事部部長許崇智心生不安，經蔣介石「婉勸」離粵去滬；至於胡漢民則因胡毅生之涉案，黨中央委員會賦以「赴俄考察政治」而流放於莫斯科。中山先生得力之「五大金剛」，因廖之被刺，一石二鳥滅其三，自是國民政府中央委員，只剩下集黨、政、軍三權於一身的最高領袖汪精衛（廖被刺後，黃埔軍校黨代表由汪自兼）以及實際掌黨軍之蔣介石。

總計中山先生去世不出半年，國民黨內部不斷的「暗殺！放逐！鬥爭！」國民黨中央委員林森、戴季陶、張繼等於十四年十二月二十三日在北京西山碧雲寺，中山先生靈前哭靈是爲「西山會議派」。

及至民國十五年三月二十日蔣以中山艦劫持案爲由，大事進行整肅，汪精衛遂不得不以赴法「醫病」爲名，悄然出走。六月五日國民政府特任命黃埔軍校校長蔣介石，爲國民革命軍總司令兼軍事委員會主席，統率陸海空三軍，實行北伐。自此，蔣介石掌控中國黨務、政務、軍務達半個世紀之久。其間雖有十六年八月十二日至十七年元月四日（復任總司令原職），二十年十二月二十二日至二十一年三月六日（回任軍事委員會委員長），三十八年一月二十一日至三十九年三月一日（復行總統視事），三次引退，累計時日才得一年又半，可說人雖引退，心仍遙控黨、政、軍。直到六十四年四月五日駕崩，再由其兒子蔣經國繼續掌權十三年之久……。

以下是蔣介石死後與孫中山的對話：

蔣：「余自束髮以來，即追隨總理革命……」。報告總理，今天中正再度追隨師事總理於九泉之下。

孫：胡扯！古人六歲束髮，你六歲路都走不穩，就拿槍桿子跟著我革命？欺世盜名、障人耳目，莫過於此。

蔣：我說的「束髮」是指二十歲而不是六歲。

孫：那你乾脆說「弱冠」多好，你是故意讓人誤會六歲時，就從事革命大業，比我還天才！你別忘了，以革命起家的共產黨還口口聲聲尊我為「偉大的革命先行者」。

蔣：不敢！不敢！

孫：還有「余自束髮以來……，無時不以耶穌基督與總理信徒自居」。你自六歲（西元一八九三年）就信仰耶穌基督？還讀過三民主義？

蔣：是的，是的！

孫：亂碰風！一八九三年我二十八歲，在澳門當醫生，開藥房，種牛瘂、接生一天跑四個地方「兼診」，哪有什麼三民主義？

蔣：……。

孫：我十八歲那年（西元一八八三年六月）在夏威夷歐湖書院Oahu College受洗信教。你原來是佛教徒，是什麼時候改信基督教的？

蔣：爲了追宋美齡小姐娶她爲妻。宋老太太（倪桂珍）對我說：「我們家的小姐是不嫁給非基督徒的！」

孫：那是哪一年？

蔣：我四十三歲（西元一九三〇年十月）受洗信基督教。

孫：那麼「總統蔣公遺囑」，從頭到尾，全是一派胡言，不但蒙蔽我，還欺騙上帝，更不可原諒的是欺騙了全國人民的同情心。

蔣：孝儀啊！孝儀！你把我給害慘了，我一再地告誡你：「上天可欺，下民可虐，就是國父不可騙。」你都不聽，眞是大水沖倒龍王廟。

孫：還有黃埔軍校是誰創的？是你？還是我？

蔣：當然是總理創的。

孫：你不過是我派的校長而已。

蔣：是的！是的！

「天下爲公」與「博愛」二橫幅爲中山先生最喜愛的題字

畢業證書

本校第一期學生
賈伯濤按照本校
規定步兵科教育
修學期滿考試及
格特給證書

海陸軍大元帥
陸軍軍官學校總理 孫文
校長 蔣中正
黨代表 廖仲愷

中華民國十四年[illegible]月一日給

黃埔軍校第一期學生畢業證書
（90′.8.8作者攝於黃埔紀念館
注意：㈠孫中山的頭銜是：
海陸軍大元帥
陸軍軍官學校總理
㈡證書下緣標記：斧頭
刀、步槍代表「工農
合陣線」、以示國共
一家親，後來爲了爭
利才兵戎相見。

孫：那你怎麼僭越「國民革命軍之父」呢？

蔣：那是國防部自作主張，尊我爲國民革命軍之父。

孫：是那個「哪個地方不死人」，連軍史館都死人的國防部？你哪天問問他有沒有「國民革命之祖」？

蔣：沒有。

孫：成何體統？

蔣：我叫他們更正好了！

孫：免了，不更正還好，一經更正，國民革命之父就變成李戽斗了。

蔣：屬下該死，屬下該罰！

孫：中國實行政治改革的最大毛病，就是自私自利，許多英雄豪傑，都想要做皇帝。

蔣：這是當初您不把革命事業指定交給某一個人的原因。

孫：我「以俄爲師」，列寧教我的集體領導。

蔣：您就這樣把一生事業交給我們五個人。

孫：爲了防止獨裁專制，我原先準備把大元帥職務交給漢民，外交託付兆銘，財政交給仲愷，軍事交給崇智。

蔣：他們四個人都是廣東幫。

孫：所以我才將黃埔軍校交給你這個新廣東人的「外省仔」。

蔣：以求得制衡。

孫：哪曉得我死了之後，你們竟然鬥得你死我活。

蔣：差一點把江山鬥給了共產黨。

孫：你在五人之中排名最後，又是「外省掛」，怎麼大好江山最後會落到你手上。兆銘啊！兆銘，你空有一表人才、滿腔熱血、一肚子學問，「好名昧時」四個字，害了你一輩子啊！

蔣：別忘了毛澤東說過一句話：「槍桿子出政權。」

孫：毛澤東？是那個在第一次全國代表大會中，我從口袋中提名候補中央委員的北大圖書館管理員。

蔣：對！對！

孫：聽說你還鬥輸他？

汪精衛爲孫（中山）家墓園題碑

蔣：想起這件事我就覺得窩囊一輩子。

孫：怎麼個窩囊法？

蔣：您不想想，一個身爲世界四大戰勝國元首，統兵六百萬的五星上將，竟然敗在一個手無寸鐵，窮酸小子身上。

孫：民主！民主！民爲國主，主安即國治；民主爲大勢所趨，潮流所至，没有方法可以阻止的。你有没有實施民主憲政？

蔣：我遵照總理的指示制定憲法，實施民主憲政。

孫：什麼時候制定憲法？

蔣：民國二十五年五月五日制定「五五憲草」；民國三十五年十二月二十五日制定中華民國憲法。

孫：制定一部憲法要花十年半？你的制憲誠意未免太離譜了罷！

蔣：那是因爲對日抗戰的關係！

孫：中華民國憲法什麼時候公布，什麼時候正式實施。

蔣：三十六年一月一日公布，同年十二月二十五日正式實施。

孫：採總統制還是內閣制？

蔣：採內閣制。

孫：爲什麼？五權憲法理論上應該是總統制才對。

蔣：張知本與張君勱二人主稿憲法，爲了防止總統權力太大，故而採取內閣制。

孫：是衝著你來的？

蔣：好像是！

孫：你當時未表示意見。

蔣：制憲時各派各黨意見紛紛，我身爲國大代表當然有意見，可是身爲國民政府主席又不便表示意見。一切相忍爲國，只望順利地通過憲法。

孫：先馳得點，求得憲法通過再說。

蔣：三十七年三月二十九日我當選了中華民國第一任總統，四月十五日即授意莫德惠等提出「動員戡亂時期臨時條款」。

孫：「動員戡亂時期臨時條款」？我從來沒聽過。

蔣：那是一種憲法的附加條款，以補憲法的不足與缺點。

孫：第一屆總統什麼時候就職。

蔣：三十七年五月二十日。

孫：總統尚未就任，憲政也尚未正式運作，你怎麼早料到憲法有缺失。

蔣：總之，我不甘願當內閣制下的虛位總統。

孫：臨時條款有些什麼條文？

蔣：第一條：總統在動員戡亂時期，爲避免國家或人民遭遇緊急危難，或應付財政經濟上重大變故，得經行政院會議之決議，爲緊急處分，不受憲法第三十九條或四十三條所規定程序之限制。

孫：換句話說，立法院之制衡權喪失了。還有呢？

蔣：第三條：動員戡亂時期，總統、副總統得連選連任，不受憲法第四十七條連任一次之限制。

孫：也就是說，第一任總統才當選尚未正式就職，你就打算當中華民國「永遠的總統」：司馬昭之心路人皆知，可怕！可怕！

蔣：您不是常告誡我：「人無遠慮必有近憂」嗎！

孫：結果你到底幹了幾任中華民國總統，細細數來給我聽！

蔣：第一任三十七年到四十三年蔣中正。

孫：那是理所當然，當「任」不讓的啦！第二任呢？

蔣：于右任。

孫：是不是那個在黃埔軍校開學時送我們一幅「登高望遠海，立馬定中原」草書的陝西大鬍子。

蔣：是「余又任」而不是于右任！

孫：意思是你連選連任一次，這也不違憲啊！那麼第三任總統是誰？

蔣：吳三連！

孫：是那個當過第一任民選台北市長（省轄市）的台籍民主人士嗎？

蔣：「吾三連」是我三次連任之意！

孫：喔！那麼第四任呢？

蔣：趙麗蓮！

孫：是那個終生教兒童美語的鵝媽媽？小時候做過發明家愛迪生鄰居的中德混血兒。

蔣：是「照例連」任！

孫：啊！那麼第五任呢？

蔣：趙元任！

孫：是那個會講好多種語言的語文學家趙博士？

蔣：是「照原任」啦！

孫：哇塞！你眞厲害！連續幹了五任三十年的中華民國民選總統，破金氏紀錄噢！

蔣：没有那麼久了，六十四年四月五日我死在任上，剩下的三年當然由嚴家淦副總統繼任。

孫：那時候的行政院長是誰？

蔣：是我兒子蔣經國。

孫：是個強勢院長？

蔣：當然！

孫：家淦有總統之名，而無總統之實。嚴格說來，還是自家人幹了。

蔣：所以才叫「嚴家幹」嘛！

孫：自六十七年開始，你兒子蔣經國又幹了十年總統。

蔣：於七十七年一月十三日死於任上，然後李登輝繼任。

孫：諸葛亮鞠躬盡瘁，死而後已；你父子倆是鞠躬盡瘁，死而「不」已。

蔣：不敢！不敢！愛國愛到最high點。

孫：……。現在我才知道，爲什麼你在二年內被毛澤東趕到台灣？又爲什麼被趕出聯合國？爲什麼喊了四十年的建設台灣、光復大陸，仍然在原地踏步，告訴你！人民的眼睛是雪亮的！下民可虐，上天難欺啊！

蔣：可是李登輝從七十七年一月十三日預計到八十九年五月十九日，也會幹十二年又四個多月的總統。

孫：人家就是幹十六年也是說得過去的。

蔣：這怎麼可以？

孫：七十七年到七十九年繼第七任總統的繼任任期不算；七十九年到八十五年爲第八任；八十五年到八十九年是第九任，亦爲直選總統第一任。根據中華民國憲法增修條文第二條第六款：「總統、副總統之任期爲四年，連選得連任一次，不適用憲法第四十七條規定。」

蔣：意即任期又從頭算起，哪有這樣的算法？

孫：難道只許蔣家放火，不許李家點燈？何況他又沒有兒子可以繼承，再給他多幹一任也永遠不會超過你父子倆的任期。

蔣：對噢！九二一大地震總統下達「緊急命令」，是個千載難逢的好機會。

孫：他不過是「如法炮製」而已。

蔣：那趕緊叫我那個姓章的孫子，去發動全民擁護連任。

孫：怎麼？你還有姓章的孫兒，百家姓中你們要占多少？

蔣：他新調任鴻禧莊秘書長，就是個暖身動作。

孫：我認栽了，我鬥不過你們。

跋之一　韓廷一V.S.韓庭一

*韓德彥

歷史，是要倒過來念的！

《挑戰歷史》，也必須從〈跋〉讀起。

司馬遷一部《史記》，成爲中國史學典範；後人從〈太史公自序〉了解到司馬遷的爲人風範與著書精神。了解司馬遷，使我們更了解史記；認識韓廷一，讓我們更認識《挑戰歷史》。

韓廷一先生，早年刻苦力學，奮發向上，自花蓮師範學校畢業後，開始投身教育工作；學而不倦，教而不厭，自勵精進，陸續又完成碩、博士學位。現爲實踐大學兼任副教授及業餘作家，作育英才無數，桃李滿天下，文章散見各大報章雜誌。育有三男一女二孫，子媳卓然有成，家庭美滿幸福，一家九口其樂融融。一九九九年榮獲板橋市模範父親，堪爲鄰里表率。

以上，只不過是檯面上的事蹟！其實，歷史不過是場騙局！我們都被這些檯面上的東西騙得團團轉，很少見到歷史的眞面目。《挑戰歷史》，就是要拆穿歷史的騙局。爲《挑戰歷史》寫跋，也必須揭露作者眞相！

噓！小聲點，現在我要說檯面下八卦的東西了……

韓廷一先生，是我的父親，可能祖父當年將他的名字「取壞了」。以致於他從小就認定自己該是朝「廷」第「一」人的命，夢想著當大官、做總統。由於家境清寒，只能念不要錢的師範學校，畢業之後被分發到鳥不拉屎的偏僻小學；三年服務期滿一躍進入政治大學。當年，以師範畢業程度要考進國立大學，誠屬不易，難能可貴——我們可以揣想得到，他極度熱切地想一圓「做官夢」，好讓自己「名」副其實，所以盡一切努力跳脫原本環境。在那個反攻大陸、殺朱拔毛的年代裡，他選擇了邊政系。或許反攻大陸之後，他可以在台灣這個「邊疆地帶」做個山大王。

不料，反攻大陸竟只是個空口號！他以優異的成績畢業了，更以第一名取得高考及格證書。可是，國民政府卻不反攻了。若蔣公一直做總統的話，以他的作風肯定被「分發」到綠島去唱小夜曲。

他的「仕途」顯然受到阻礙，但是他不是一個輕易低頭的人！他堅持要做個名副其實的朝「廷」第「一」人。於是他決定再充實自己，又以第一名考進政戰學校政治研究所，投身蔣經國的門下。

古云：「小不忍則亂大謀」，他效法韓信、勾踐忍辱負重的精神，乖乖地在政戰取得碩士文憑；這與他當年在政大、花師叱吒風雲、不可一世的日子截然不同。後來他順利進入中正理工學院任講師，教授全球獨步的「國父思想」以及難以啟齒的「領袖言行」。

講師一當十年，他成了十年老「殭屍」。由於某種政治因素的介入，他永遠沒有升等的份兒。父親是屬兔的，而且顯然是隻「狡兔」，因此，他有三個「窟」：政治方面沒得發展，他便轉往學校；學校再受到排擠，他只好轉往體制外的教育——補習班，那可是台灣發展史上的教育奇蹟！

七〇年代，是台灣補習教育最昌盛的年代。我父親在補教界闖蕩出名號，成爲大學聯考三民主義名師。在十年之間，他足跡遍布南北，整日早出晚歸，教了無數的「榜外英才」，說了無數個「主義笑話」。由於身在補教界，他很清楚教育兒女的方針：絕對不准補習！因此他的小孩都是應屆升學，沒有越區就讀，也不參加課後輔導。

一九七五年，發生了一件大事情。那就是「民族救星」死了，我出

生！大家可想而知，由於父親他南北奔波，當空中「飛」人，幼年時期的我根本不太認識他。一直到小學階段，才對「爸爸」有些印象：「爸爸」跟「棍子」差不多是同義詞吧！二者間有著強烈的制約關係。小時候媽媽常說：「你不聽話喔，等爸爸回來用棍子打你！」如果當年爸爸摔飛機翹毛了，家裡供著一根棍子也是會有同樣的效果。由此可知，我母親是如何拉拔我們幾個長大的。

隨著教育漸漸普及，大學錄取率節節上升，補教界也不好混了，他甚至有一陣子賦閒在家。大家可別忘了他要做朝「廷」第「一」人的大夢，因此他再往上爬，赴美攻得政治哲學博士，並在回國後任國父紀念館編審一職。他「覬覦」國父紀念館館長的位置長達十年之久，希望跳上去有朝一日可以成爲內閣閣員。五十四歲的那年，他以自身實力考取行政院公費，成爲最老的公費生。他到英國南灣大學從事「民主法治教育」研究，歸國後撰寫＊＊專題，希望能夠受到重用。可惜，報告如糞土，在位者是否看過一頁都是問題？不禁令他感嘆萬分。韓信未見蕭何，或恐終生埋沒市井，日後亦無「一飯千金」之美談；吾父不遇明君，也許終究只能做家「庭」第「一」人。大家也只能邊看電視邊罵：「中華民國政府，眞的沒有人才了嗎？怎麼總是這些老面孔在輪流做莊！」

不管是「韓廷一」還是「韓庭一」，諸位可以從他的文字知道他是個會思想、有學問，胸懷大志、老而彌堅的人。縱使已入「耳順之年」，新聞播報時他總是怎麼聽，「耳」都不「順」。平心而論，他是有些才氣没錯，可是他自鳴清高，獨愛五柳先生「不爲五斗米折腰」，不願哈腰屈膝，不會逢迎拍馬，不懂他的二度同學（嘉中、政大）見人「微笑」的功夫，不學佛老無術；因此陷入心理學中所謂的「趨避衝突」，此困境要轉好顯然不易。我得繼續鑽研心理治療技術，希望有一天能治好他的心病，否則他終究會成爲屈原第二，投淡水河去也。

不過，他的心理還是有健康的層面：他對自己永遠有自信，永遠不斷充實自己。我個人認爲，十室之邑没有像他這麼好學的！他對台灣依舊保有愛與希望，因此他一直未深陷萬念俱灰的憂鬱情緒。他始終認爲：不是他的能力不夠，只是機緣不好。他也曾經向我的祖父抱怨出生不好、没有背景，惹得我祖父大發雷霆，至今一年裡他們說不到兩句話。

父親離「從心所欲不踰矩」還有好長的一段日子，但要在這段時間裡出個什麼伯樂、卞和、鮑叔恐怕很難。父親常說：「政治資源没有累積個

三代以上，很難有所作爲。」如果父親在此生中無法完成他的美夢——神駒、美玉、良相，只好由我來充當了！

＊本文作者韓德彥爲韓家參子，台大心理學研究所碩士，現爲桃園榮民醫院臨床心理師。

＊＊該專題報告部分內容見於《馳騁英倫》，幼獅出版社，爲韓廷一另一著作，充分展現作者的政治抱負及淑世理想。

跋之二　治國無緣　齊家有術

～韓爺爺訪問記～

＊韓德威

看書先看序，看序不如先看跋。如果您曾經拜讀過《馳騁英倫》（幼獅版）的〈跋〉——細說老爹，便知我所言不假。

鑒於本書之文體屬於特殊的「人物訪問錄」，〈跋之二〉無法免俗，也用這種文體來訪問咱家的韓爺爺。所謂跋之二者，家中老二所寫之第二篇〈跋〉之謂：也是本書第二篇跋。

相傳一九三九年冬，大陸神州，正處於日軍侵略，全民抗戰的神聖時刻。離浙江紹興府不遠處，義橋鎮韓家村內的大戶人家，沒時間恣意輕鬆的饗宴尾牙，日軍沒攻過來，八路軍也沒胡搞，就只因爲誕生了一位不速之客，令全家上下，忙作一團的男丁——韓廷一。

韓氏曾歷經中國八年抗戰，國共關係惡劣，隨政府「竄逃」來台。住過民雄、待過布袋、念過花師，最最失意時，流落到旗山。幸而結識一生

的支柱，一輩子的伴侶——劉玲玲女士（爲作跋者之母，不得不諂媚也）。因而改變了他一生的命運。大學念的是政治大學，卻沒機緣參與政治；學的是邊疆政治，除了「台灣」之外，別的邊疆也沒機會遊走。倒是自稱留美、留英（博士及博士後研究），外語比李登輝、陳水扁強（他們把市府大樓翻譯成Taipei City Government，笑死人囉！）

曾仿效「孔丘仲尼」有敎無類於南陽（南陽街視爲臥龍居），皆言孫蔣如何如何（國父思想、三民主義）；而後追隨孫中山先生，進了國父紀念館。一九九八年便似五柳先生不爲五斗米折腰，自此閒居在家，別人週休二日，他卻週休七日。學呂不韋欲謀千萬倍之利，成爲常駐號子大使，股市操盤手。是年列名《中華民國名人錄》，「實至名歸」亦或「得之僥倖」？一九九九年（民國八十八年八月八日）獲選爲優良父親，而今兒孫滿堂而含飴弄孫。

今天有幸訪問到作者「韓爺爺」，可是等了好久喔！

修身之道　看似老莊實似仲尼

記者：（韓德威，作者次子）韓爺爺，實在榮幸有這機會，能夠採訪到您。剛才聽鄰居說您已經兒孫成群，可是看您外表也不過像是四十出頭的模樣，您今年貴庚？

韓爺爺：我今年正好六十歲，育有三男一女兩孫，稱作爺爺不爲過吧！

記者：看您一頭黑髮，氣色這麼好？可否傳授一下養生之道？

韓爺爺：首從飲食說起：我們家裡絕對不吃加工食品，不加味精，不加人工添料物；不吃油炸，不暴飲暴食，不吃精緻，只吃健康。

吃了二十幾年的糙米，我想是健康的泉源。

其次，起居方面，每天早晨起來，第一件事情，就是寫大楷，練習書法。教書上課，走路代替公車，或者用腳踏車代步。

每天到游泳池報到，今年還以班內最高齡通過紅十字會的救生訓練，成爲合格的救生員；每週打兩次高爾夫球，既健身亦可達到父子交誼的目的。（偷偷告訴你：韓老爹自創泳式，是謂「海盜自由式」；自創高爾夫球打法，是謂「劈柴斬風式」，獨到之處，令人叫絕！）

記者：像韓爺爺如此學養俱佳，仙風道骨，怎麼這麼早就隱退啊？

韓爺爺：這你就有所不知了。

上回我訪問諸葛孔明，他告訴我：他太專心於工作，每天勞累，食少事繁。以至於「出師未捷身先死，長使英雄淚滿襟」。我比他聰明多了，退而寫作，嘻笑怒罵，自得其樂，延年益壽。

況且岳武穆也告誡我，世風日下，人心如此。君君臣臣，狡狡詐詐，比諸南宋有過之而無不及，伴君如伴虎啊！到時被冠上「無情無義」「背叛論」的罪名，豈不冤哉枉哉。

記者：那麼此時您老的心境如何？

韓爺爺：人不知而不慍，不亦君子乎？

記者：哦！這麼偉大胸襟？據說您老對孔老夫子拳拳服膺，第一篇寫的就是〈至聖先師訪問記〉？

韓爺爺：那可不是！至聖先師訪問記刊登在《聯合報》，一九八一年那時教師節還放假，現在只放耶穌節，而不放孔子節了。

記者：昔日，伯魚過。孔爸爸問：學禮？學詩？您現在怎麼問？

韓爺爺：我問的多了。學英文乎？學電腦乎？不學英文無以言！不學電腦無以立！高考考中乎？研究所考中乎？高考未中無以謀生！研究所未中無顏面見父老！

記者：據說您子孫也打算排祖嗣？

韓爺爺：是啊！而且依孔門四科，由德行、言語、政事、文學，一輩一字，我的兩個孫子，便叫做韓行堯、韓行禹。

記者：您老最近開始研究老莊，還打算開課，有沒有這回事？

韓爺爺：我很早就以老莊思想處世。對小孩的管教，便以無爲而治對待。君不聞「太陽不說話」？（太陽不言，其義非凡，陽光普照，影響深遠。）

齊家之理　外付邊政內委家政

記者：談談您老治家之法？

韓爺爺：除了太陽不說話之外，家中大小事務，先分大小，大事交給邊政的，小事交給念家政的（實踐大學前身家政科畢業，劉玲玲女士是也）。而處理事物的原則，大事化小，小事化無。故自始至終，没事煩憂。

記者：您夫人好像是天主教徒？您本身好像不太親近基督菩薩的，要不要解說一下，家中的宗教紛爭？

韓爺爺：對於宗教，本身是個無神論者。自詡「拳打上帝，腳踢閻王」，當然不會信教嘍！

記者：我記得天主教徒的配偶必須是主內弟兄才對？您一輩子沒進過教堂嗎？

韓爺爺：我不但進了教堂，還受過洗。神父說我一定得入教，才可以結婚。

記者：不知她要跟您結婚，還是跟天主結婚？

韓爺爺：話雖如此，我還是出了教室，進了教堂，娶了老婆，入了洞房。受洗時，神父問到我願意接受上帝什麼的？我一概點頭、接受、承認、甚至鼓掌。腳下也沒閒著，努力用腳在地上畫大大小小的三個「不」字。

記者：那豈不成了「不願意」、「不認同」、「不接受」？這招跟誰學的？

韓爺爺：這跟咱們政府三不政策相去不遠，外加「海基」、「海協」的迂迴談判，你倒說說我跟學誰的？

記者：家中有沒有政爭？

韓爺爺：三十年前，太太執政；三十年後，退休接掌家中事務。爲了奪取家長的地位，以往策動小孩們叛亂，現在執政才發現箇中苦楚。

記者：根據線報。您不只腳踢閻王，還腳踢小孩？

韓爺爺：你聽誰說的，可別亂報導，這段不可以寫進去。我對小孩的教育向來採取「不聞不問，不理不睬」，自由發展，怎麼會施以暴力呢？

記者：是你二兒子講的，說他有一晚咳嗽不停，你就叫他睡到你床腳下。他咳一聲，你就踢一下，有沒有這回事？本報可要據實報導噢！

韓爺爺：那關乎人命的，豈可一概而論。最後還不是踢一踢就不咳了？

記者：看來您不只是個教育家、政治家，更是個醫生哩！

韓爺爺：豈敢！豈敢！

治國之法　民之所欲長在我心

記者：您對現實政治，台灣前途有何看法？

韓爺爺：一國之治，在內爲內政，在外爲外交。以往岳將軍說的好：

「文臣不愛錢，武臣不惜死」，到現在卻解釋成為「文臣不貪錢，很難；武臣死可惜，冤枉」。建商與官員勾結，使得台灣錢淹腳目，台灣樓自七樓起倒塌淹腳目，舉世皆知。F16不待中共導彈擊落，幾隻鴿子，就可以讓戰機落海。我看以後也不用花四千億元買戰鬥機，全民養鴿子就夠了。米格機來三架，就放鴿三十隻，兵來將擋，機來鴿擋。

記者：那麼外交呢？

韓爺爺：實在不敢批評，不敢恭維。兩岸越談越遠，關係越來越糟。說了「戒急用忍」，台商早就在大陸「安居樂業」了。南向政策配合印尼暴動，殘殺華僑；每年花錢叫「小朋友」去推聯合國大門；新近還弄出特殊的國與國關係，造成股市動盪，百年震災；我那三百萬元退休金買了股票，全泡湯了。

記者：雖然未構成「內亂外患罪」，卻也十足的「禍國殃民」。

韓爺爺：七十八歲的老頭不退休，卻叫五十八歲的壯漢凍「身」失業；「天運苟如此，且進杯中物」。走！到ＰＵＢ喝兩杯去！

記者：最後一個問題。你對「民之所欲，長在我心」有何看法？

韓爺爺：希望以後高層官員「爾之所欲，藏在爾心」，可別貿然引起國際糾紛，導致不可挽救的錯誤。

＊本文作者乃韓家次子，海洋大學畢業，現從事國際貿易暨旅遊領隊。他擁有一家「董事長兼撞鐘」的小公司，腰懸相機與手機，左肩背包，右提電腦，一兼兩顧的闖盪江湖。

國家圖書館出版品預行編目資料

挑戰歷史——超時空人物訪談／韓廷一著.
--初版. --臺北市：萬卷樓，民88
面； 公分
ISBN 957-739-254-7(平裝)

1.中國-歷史 2.中國-傳記

610.4 88017007

挑戰歷史——超時空人物訪談

著　　者：韓廷一
發 行 人：許錟輝
責任編輯：陳欣欣
出 版 者：萬卷樓圖書有限公司
台北市和平東路一段 67 號 14 樓之 1
電話(02)23216565・23952992
FAX(02)23944113
劃撥帳號 15624015
出版登記證：新聞局局版臺業字第 5655 號
網站網址：http://www.wanjuan.com.tw/
E -mail：wanjuan@tpts5.seed.net.tw
經銷代理：紅螞蟻圖書有限公司
台北市內湖區文德路 210 巷 30 弄 25 號
電話(02)27999490
FAX(02)27995284
承印廠商：晟齊實業有限公司
電腦排版：法德印前電腦排版有限公司
定　　價：280 元
出版日期：1999 年 12 月初版
2000 年 4 月初版二刷

ISBN 957-739-254-7